001em Abb.: hs

Reise Know-How im Internet

Aktuelle Reisetipps und Neuigkeiten
Ergänzungen nach Redaktionsschluss
Büchershop und Sonderangebote

www.reise-know-how.de
info@reise-know-how.de

Wir freuen uns über Anregung und Kritik.

Hans Gerd Scholz

Expeditionsmobil aufbauen und ausrüsten

„Hinterm Horizont geht's weiter ... immer weiter ..."

(Udo Lindenberg)

Impressum

Wir freuen uns über Kritik, Kommentare und Verbesserungsvorschläge.

Alle Informationen in diesem Buch sind vom Autor mit größter Sorgfalt gesammelt und vom Lektorat des Verlages gewissenhaft bearbeitet und überprüft worden.

Da inhaltliche und sachliche Fehler nicht ausgeschlossen werden können, erklärt der Verlag, dass alle Angaben im Sinne der Produkthaftung ohne Garantie erfolgen und dass Verlag wie Autor keinerlei Verantwortung und Haftung für inhaltliche und sachliche Fehler übernehmen.

Die Nennung von Firmen und ihren Produkten und ihre Reihenfolge sind als Beispiel ohne Wertung gegenüber anderen anzusehen. Qualitäts- und Quantitätsangaben sind rein subjektive Einschätzungen des Autors und dienen keinesfalls der Bewertung von Firmen oder Produkten.

Hans Gerd Scholz
Expeditionsmobil aufbauen und ausrüsten
erschienen im
Reise Know-How Verlag Peter Rump GmbH, Bielefeld
Osnabrücker Straße 79, 33649 Bielefeld

Herausgeber: Klaus Werner

1. Auflage 2006

Gestaltung
Umschlag: G. Pawlak, P. Rump (Layout), K. Werner (Realisierung)
Inhalt: G. Pawlak (Layout), A. Medvedev (Realisierung)
Fotos: der Autor

Druck und Bindung
J. P. Himmer GmbH & Co. KG, Augsburg

ISBN-10: 3-8317-1490-8
ISBN-13: 978-3-8317-1490-2
Printed in Germany

Dieses Buch ist erhältlich in jeder Buchhandlung Deutschlands, Österreichs, der Schweiz, Belgiens und der Niederlande. Bitte informieren Sie Ihren Buchhändler über folgende Bezugsadressen:

Deutschland
Prolit GmbH, Postfach 9, D-35461 Fernwald (Annerod)
sowie alle Barsortimente
Schweiz
AVA-buch 2000, Postfach 27, CH-8910 Affoltern
Österreich
Mohr Morawa Buchvertrieb GmbH
Sulzengasse 2, A-1230 Wien
Niederlande, Belgien
Willems Adventure
Postbus 403, NL-3140 AK Maassluis

Wer im Buchhandel trotzdem kein Glück hat, bekommt unsere Bücher auch in unserem **Büchershop im Internet: www.reise-know-how.de**

Hans Gerd Scholz

Expeditionsmobil

aufbauen und ausrüsten

Inhalt

Vorwort

Sie fühlen sich reif für die Insel? Mit dem Charterjet lassen sich heutzutage fast alle Urlaubsregionen weltweit erreichen. Das ist auch gut so, denn die meisten Urlauber haben nicht die nötige Zeit, um weit entfernte Regionen mit dem eigenen Fahrzeug anzusteuern. Interessieren Sie sich außerdem für Kultur, Land und Leute Ihres Reiselandes, so lassen sich mit geführten Touren oder Rundreisen ganz sicher interessante und spannende Erlebnisreisen realisieren. Soll es jedoch eine große Fahrt werden in Länder und Regionen, die Sie ansonsten nur aus Abenteuerromanen oder Dokumentarfilmen des Fernsehens kennen, dorthin, wo kaum ein Tourist zu finden ist, so bleibt nur die selbst organisierte Reise mit dem eigenen Fahrzeug. Als Individualreisender wird man Sie fast überall willkommen heißen, weil Sie mit Ihrem fahrbaren Untersatz keine Gefahr für Kultur und Tradition Ihres Gastlandes darstellen.

Doch welches Reisemobil wird benötigt? Natürlich kann man prinzipiell alle Länder aufsuchen, sei es zu Fuß wie die mittelalterlichen Pilger, mit dem Fahrrad, dem Pkw oder dem zweiradgetriebenen Wohnmobil, das eigentlich doch eher für Europas Straßen gebaut wurde.

Will man sich jedoch abseits der Asphaltbahnen bewegen, und sei es nur zu einem Stellplatz in der freien Natur, so sind sehr schnell die Grenzen herkömmlicher Fahrzeuge erreicht. Schon ein nächtlicher Gewitterregen lässt einen zuvor harmlosen trockenen Feldweg zu einer Schlammfalle werden. Eine feuchte Wiese genügt mitunter, um vielen Zweiradgetriebenen das Weiterkommen unmöglich zu machen. An schwierige Wasserfurten, Weichsandfelder oder grobe Geröllpisten ist mit Fahrzeugen dieser Art nicht zu denken. Selbst Fernverbindungsstraßen in der ehemaligen Sowjetunion nehmen es noch immer (zumindest abschnittsweise) mit schwierigen Sahararouten auf.

Natürlich lassen sich professionell hergestellte Expeditionsmobile in vielen Größen und Ausführungen, das nötige Kleingeld vorausgesetzt, käuflich erwerben. Dieses Buch möchte jedoch eine Hilfestellung geben, wie Sie ohne große finanzielle Belastung, oft schon für kleines Geld, zu einem funktionstauglichen Fahrzeug für Ihre Abenteuerreise kommen. Natürlich ist Eigeninitiative und Selbstausbau angesagt, dafür hat man aber auch die Freude am eigenen, individuell gestalteten Fahrzeug, dessen Innenleben einem bestens vertraut ist.

Hans Gerd Scholz

Vorüberlegungen und Kauf

005em Abb.: hs

ARB
UU 324

Wozu ein Expeditionsmobil?

Sie möchten eine große Reise über einen längeren Zeitraum, sagen wir etwa ein halbes Jahr, unternehmen? Der Betrieb würde Ihnen Urlaub gewähren und einer Abenteuerreise stünde somit nichts mehr im Weg. Was Sie brauchen, ist im Wesentlichen ein geeignetes Fahrzeug, um ausgetretene Pfade zu verlassen, um aufregende, weitgehend unbekannte Regionen dieser Erde aufzusuchen und die bislang weißen Flecke der touristischen Landkarte zu erforschen.

Sie planen also die Anschaffung eines Expeditionsmobils. Doch welche Summe ist dafür zu veranschlagen? Was ist unter einem solchen Fahrzeug überhaupt zu verstehen? Wie viel Allrad, Geländegängigkeit und Wohnkomfort benötigen Sie? Wie lange wollen Sie fern jeder Zivilisation mit Ihrem Wohnmobil autark sein? Wie groß, wie schnell, wie funktionstüchtig muss es sein? Welche Technik ist angemessen? Genügt ein unkaputtbarer, einfach konstruierter Oldtimer, den jede Feld-Wald-Wiesen-Werkstatt zwischen Moskau und Wladiwostok, zwischen Algier und Kapstadt reparieren kann oder benötigen Sie moderne Technik? Und schließlich: Fressen Kaufpreis und die Kosten des Ausbaus nicht schon das Reisebudget auf? Können Sie aus dem Vollen schöpfen oder müssen und wollen Sie selbst ausbauen und ihren fahrbaren Untersatz nach eigenem Gusto gestalten?

Je schmaler der Geldbeutel, desto mehr Brisanz gewinnen diese Fragen. Reiseroute und Fahrzeugwahl sind zwei Seiten einer Münze. Nehmen wir an, sie verfügen aufgrund einer Erbschaft über die nötigen Mittel, wollen sich mit nichts belasten und nur das halbe Jahr genießen. Wo wäre das leichter und angenehmer als in Nordamerika. Fliegen Sie einfach nach Phönix, Arizona, kaufen Sie sich dort das

Ihren Wünschen entsprechende Wohnmobil, möglichst mit der Garantie, es im Herbst in Alaska wieder veräußern zu können und reisen Sie entlang der Westküste immer nach Norden. Viele Abstecher zu den Highlights des Amerikanischen Westens lassen Sie bestimmt auf Ihre Kosten kommen. Wo gäbe es großartigere Landschaftspanoramen als im Monument Valley oder im Grand Canyon? Wo eine beeindruckendere Natur als im Yellowstone-Nationalpark? Schließlich treffen Sie im Hochsommer in Alaska ein, wo dies alles vielleicht noch überboten wird. Im Herbst schließlich lodert das Feuer des Indian Summer, wenn sich die Blätter unter einem tiefblauen Himmel in alle möglichen Farben von tiefrot bis goldgelb verfärben. Jetzt wird der Camper verkauft und der Rückflug gebucht.

Falls Sie Amerika schon kennen und ähnlich unbeschwert reisen wollen, bietet sich Australien oder Südafrika an. Auch in diesen Gegenden lassen sich zu recht vernünftigen Preisen Camper mit und ohne Allrad an- und später problemlos wieder verkaufen. Abseits der touristischen Trampelpfade, dort wo alle Straßen enden, wollen Sie die eigenen und die Grenzen Ihres Fahrzeugs erforschen? Wie wäre es dann mit einer Reise quer durch Afrika, entweder durch den Sahel oder von Ägypten nach Namibia?

Für die meisten von uns dürften die teuren, professionell hergestellten und für alle schwierigen Passagen ausgerüsteten Expeditionsmobile unerschwinglich bleiben. Außerdem ist solch ein Exkursionsmobil doch viel zu schade, um es den Risiken einer derartigen Reise auszusetzen. Worst-Case-Szenario: Ein entgegenkommender unversicherter Lkw sorgt für einen Totalschaden. Eine Vollkaskoversicherung zu Hause abzuschließen, dürfte in den meisten Fällen unmöglich sein.

Was bleibt, ist die Beschränkung auf ein Fahrzeug, das einerseits den gestellten Anforderungen

010em Abb.: hs

▲ *Ehemaliges Feuerwehrauto*

hinsichtlich Geländetauglichkeit und Wohnkomfort gerecht wird, andererseits im Schadensfalle keinen Weltuntergang bedeutet.

Jedes Reisemobil stellt einen Kompromiss aus Geländetauglichkeit, Komfort, Raumangebot, Wendigkeit, Unterhaltskosten und dem Preis dar, den Sie anzulegen bereit sind. Je kleiner das Fahrzeug, desto wendiger, schneller und auf anderen Verkehrsmitteln (Fähre, Zug) transportabler kann es sein. Natürlich geht dies auf Kosten des Wohn- und Reisekomforts. Ein Beispiel: Ein Geländewagen wird ausgerüstet mit einem Aufstelldach, einer winzigen Küche und einem Sitz- bzw. Schlafplatz. Fertig ist das auch für extreme Einsätze nutzbare Wohnmobil. Das andere Extrem könnte ein Dreiachser-Lkw der Bundeswehr sein, ausgestattet mit einem riesigen Wohnkoffer, der an Komfort alles bietet, was auch in der häuslichen Wohnung Standard ist. Welches Fahrzeug man wählt, hängt vom Einsatzgebiet und der Zeitdauer der beabsichtigten Reise ebenso ab, wie von persönlichen Vorlieben und Geschmäckern.

Unter dem Gesichtspunkt der möglichst preiswerten Realisierung eines Expeditionsmobils bietet sich der Erwerb eines Basisfahrzeugs aus Beständen des Technischen Hilfswerks (THW), der Feuerwehren oder der Bundeswehr an, da diese Fahrzeuge

- nur geringe Kilometerleistungen aufweisen,
- sich in einem relativ guten Zustand für ihr Alter befinden,
- neben Allradantrieb über Achssperren, Winden etc. verfügen,
- u.U. bereits einen ausbaufähigen Wohnkoffer haben.

Der Inhalt des vorliegenden Buches beschäftigt sich daher auch weitgehend mit dem Erwerb und Ausbau eines solchen Fahrzeugs.

009em Abb.: hs

Wie viel Off-Road braucht der Mensch?

Natürlich kann man reisen ohne Offroader. Zumindest überall da, wo Campingplätze zur Verfügung stehen oder Stellplätze beim wilden Campen problemlos erreichbar sind. Damit bleiben allerdings weite Bereiche außerhalb Europas unerreichbar. Dafür bieten die reinen Campmobile sehr viel mehr Luxus als die im Vergleich zu ihnen recht spartanisch ausgestatteten Expeditionsfahrzeuge.

Randgebiete der Sahara weisen über weite Strecken, vor allem im Norden, asphaltierte Straßen auf. Diese sind nicht immer im besten Zustand, da Sandverwehungen, Löcher und ausgefranste Ränder

▲ *Monster-MAN, zu schwer für Führerschein Klasse 3*

eher den Normalfall darstellen. Auch in diesen Gebieten haben **Allradfahrzeuge deutliche Vorteile.** In Libyen sind viele touristisch interessante Ziele auf Teerstraßen erreichbar, sodass auch weite Wüstenfahrten ohne Allrad unternommen werden können. Saharaausrüstung und Konvoifahrten sind jedoch unabdingbar.

Stellen Sie sich vor, Sie haben einen Schlafplatz aufgesucht, den Sie auf einem lehmigen Feldweg erreichten. In der Nacht regnet es heftig. Ihr Fahrzeug, nur zweiradgetrieben, läuft **Gefahr, sich hoffnungslos festzufahren.** Meist fährt man sich jedoch fest, wenn man die Schwierigkeiten einer Passage unterschätzt. Etwas Sand, eine nasse Wiese, kleine Schlammpassagen können für einachsig angetriebene Fahrzeuge bereits das Weiterkommen verhindern. Jetzt wird die Bergeausrüstung bereits benötigt. Allradler dagegen bewältigen problemlos weitaus schwierigere Situationen.

▼ Toyota HZJ mit Aufstelldach – ideales Fernreisegefährt

008em Abb.: ha

Wetterumschwünge können generell jede Piste, auch wenn sie normalerweise als leicht befahrbar gilt, unpassierbar werden lassen. Plötzlich wächst das kleine Rinnsal, das auf dem Hinweg nur die Reifen benetzte und von Autos jedweder Kategorie durchfahren werden konnte, zu einem gurgelnden, reißenden Bach mit graubraunen Fluten an, dessen Durchquerung neben viel Mut auch ein geeignetes Fahrzeug erfordert. Dies passiert regelmäßig in Island, der Mongolei oder auch in Marokko nach starken Niederschlägen z. B. in den Frühjahrsmonaten. Will man nicht tagelang festsitzen und auf sinkendes Wasser warten, sollte Ihr Auto jetzt neben viel Bodenfreiheit und Allradantrieb auch Winde und Differentialsperre besitzen.

Wie lassen sich **Komfort und Offroad-Eigenschaften miteinander verbinden?** Lässt sich etwa sagen: Je weniger Komfort, desto mehr Off-Road?

- Beispiel 1: Ein **gut ausgestatteter Geländewagen,** z.B. ein Toyota HZJ mit Dachträger, Wasserkanister an den Seiten sowie Dieseltanks hinter den Vordersitzen und großen Staukästen im Laderaum kann locker 2000 Pistenkilometer in 14 Tagen ohne Treibstoff- und Wasserprobleme zurücklegen. Der Schlafbereich besteht aus einer Tischlerplatte über den Kisten und Kanistern, eine kleine Bordküche wird auf der unteren Heckklappe platziert. Bei dieser Lösung wurde Komfort klein, Wüstentauglichkeit dagegen groß geschrieben.
- Beispiel 2: Geht es vor allem um das Befahren und Erklimmen steiler Dünenkämme, weniger um die Durchquerung weiter Wüstenstrecken auf Pisten, wäre ein möglichst leichter, aber **motorstarker Geländewagen,** vielleicht mit Dachzelt oder Aufstelldach, eine gute Lösung. Mit etwas Fahrgeschick lassen sich mit einem solchen Auto sogar Dünenkämme bis zu 50% Steigung erklimmen.
- Beispiel 3: Etwas mehr Wohnraum soll es schon sein? Wie wäre es dann mit einem Wohnmobil auf Basis eines alten **Militärfahrzeugs** mit Allradantrieb? Platzprobleme kann man vergessen, riesige Mengen an Treibstoff, Wasser und Nahrungsmittel können mitgeführt werden, ohne dass Sie Ihr Fahrzeug überladen. Die stabile Gesamtkonstruktion lässt auch lange Wellblechpisten ihren Schrecken verlieren. Problematisch werden enge Pisten durchs Gebirge sowie Dünenbefahrungen, weil die im Verhältnis zum

Gewicht des Lkws relativ leistungsschwachen Motoren nicht in der Lage sind, steile Anstiege im losen Sand zu bewältigen. Wenig hilfreich in diesem Zusammenhang sind Achssperren, die nur dafür sorgen, dass sich Ihr Fahrzeug in dem weichen Untergrund schneller festfährt. Auch die Seilwinde entfaltet jetzt nur wenig Wirkung, weil Ankerpunkte fehlen. Selbst das eingegrabene Reserverad dürfte als Befestigung nur kurzzeitig Abhilfe schaffen.

Wellblechpisten stellen einen Härtetest für jedes Fahrzeug dar. Prinzipiell sind sie von zweiradgetriebenen Autos ebenso zu meistern wie von Allradlern. Doch Riffeln mit einer Wellenlänge von 80 cm und einer Höhe von 20 cm schädigen naturgemäß die Fahrwerke fragil gebauter Autos mehr als starre Lkw-Achsen. Man kann mit höchstens 20 km/h darüber schleichen oder Gas geben und mit 50 bis 80 km/h darüber fliegen, wobei natürlich die Gefahr eines Unfalls durch geringe Bodenhaftung und Schleudern gegeben ist. Selbstverständlich müssen täglich die Radmuttern auf festen Sitz kontrolliert werden. Soviel schon vorab zum Fahren in wüstenhaftem Gelände. Ähnliches gilt für Fahrten auf ruppigen Straßen im fernen Osten. Sollte ich Sie nun verwirrt haben mit diesen Beispielen, kann vielleicht das folgende Kapitel Missverständnisse klären.

Kategorisierung von Geländefahrzeugen

Um klarzustellen, wovon beim Begriff „Expeditionsmobil“ überhaupt geredet wird, sollen zunächst die einzelnen **Fahrzeugtypen** einander gegenübergestellt werden, um ihre typischen Stärken und Schwächen als Eignung für Basisfahrzeuge zu ermitteln.

- **SUV:** geeignet für Fernfahrten, wenn nur in Ausnahmefällen und dann auch nur leichtes Gelände befahren werden soll. Hierzu zählen u. a. der BMW MX, Toyota RAV sowie die allradgetriebenen Kombimodelle verschiedener Hersteller. Weite Strecken können schnell und preiswert zurückgelegt werden.
- **Geländewagen:** Fahrzeuge mit Allradantrieb in Verbindung mit Achssperren, geeignet auch für schweres Gelände. Hierzu zählen die bekannten BJ, HZJ HiLux etc. von Toyota, Terrano und Patrol von Nissan, Landcruiser Defender u. a. In Verbindung mit einem Dachzelt und Campingeinrichtung bilden sie eine Vorstufe zum Wohnmobil. Autos mit langem Radstand lassen sich in Verbindung mit einem Aufstelldach zu Wohnmobilen ausbauen. Die Vorteile eines Geländewagens bleiben erhalten. Nachteile gegenüber großen Wohnmobilen auf Lkw-Basis: Winziger Wohnbereich, Schlafbereich nicht wärmeisoliert.
- **Pick-ups (Allrad-Pritschenwagen) mit aufgesetzter Wohnkabine:** Verlust der Geländeeigenschaften des Basisfahrzeugs.

021em Abb.: hs

▲ *Basisfahrzeug aus Bundeswehr-Bestand*

014em Abb.: hs

▲ *Großer Ami mit noch größerer Kabine*

013em Abb.: hs

▲ *Landrover mit Aufstelldach*

- **Camper mit Allradantrieb:** Dazu zählen VW-Syncro und alle allradgetriebenen Kastenwagen. Ihre Vorteile liegen im guten bis ausreichenden Wohnkomfort, auch bei Selbstausbau. Bedingt durch geringe Bodenfreiheit, ungünstige Böschungswinkel etc. sind sie für schweres Gelände nicht geeignet.
- **Wohnmobile auf Basis allradgetriebener Lkw:** Hierzu gehören Hanomag, Magirus, Mercedes Kurzhauber u. a. mit einem Leistungsgewicht von 20 PS/t Fahrzeuggewicht. Sie bieten gute Geländeeigenschaften, sind jedoch aufgrund ihrer relativ schwachen Motoren für schweres Gelände nur bedingt geeignet. Auch ihre Länge und Breite in Verbindung mit großen Wendekreisen lassen sie z. B. auf engen Bergpisten ungeeignet erscheinen.

Eine Sonderstellung nehmen in diesem Zusammenhang die Fahrzeuge aller **Unimog-Typen** sowie die Militärversionen von **IFA 50 und 60** ein. Unimogs verfügen aufgrund ihrer besonders großen Bodenfreiheit, der optimalen Böschungswinkel sowie Achssperren an Vorder- und Hinterachse von Hause aus über bestmögliche Geländeeigenschaften. Auch die IFAs weisen diese Achssperren auf, verfügen weiterhin über Ballonreifen mit Reifendruck-Regeleinrichtung sowie Bergewinden, sodass ebenfalls schweres Gelände gemeistert werden dürfte.

Optimales Geländeverhalten ist auch von den drei- und vierachsigen Fahrzeugen der Marken **MAN G-Kat, Tatra und Ural** zu erwarten. Eine Eignung zu einem Wohnmobil wird jedoch durch die extrem hohen Unterhaltskosten sowie Fahrzeuggröße und Gewicht infrage gestellt. Meiner Ansicht nach lassen sich nur wenige Unternehmungen (wie beispielsweise Saharadurchquerung) sinnvoll be-

012em Abb.: hs

▲ *Tatra 8 x 8 hier im Truck-Trail-Einsatz*

gründen. Ob sich die Erlangung einer speziellen Fahrerlaubnis rechnet, darf ebenfalls in Zweifel gezogen werden.

Um es kurz zu machen: Wenn Sie ein Basisfahrzeug suchen, das einerseits auch für einen längeren Aufenthalt in abgeschiedenen Regionen ausreichend Komfort, Ladekapazitäten für Treibstoff, Gepäck und Wasser bieten soll bei gleichzeitig ausreichender Geländegängigkeit, halte ich die Anschaffung eines der im Kapitel „Welcher ist der Richtige?" beschriebenen Lkw-Modelle für angebracht. Spielt weiterhin ein günstiger Preis bei einer geringen Laufleistung eine entscheidende Rolle, dürften Sie mit einem derartigen Fahrzeug gut bedient sein. Einige Schrauberkenntnisse, Bastelgeschick sowie Zeit und Geduld für den Selbstausbau sollten allerdings nicht fehlen.

Diesel oder Benziner?

Eine erste, **grundsätzliche Entscheidung** steht bei der Anschaffung des Basisfahrzeugs an, egal, ob Sie sich letztendlich für ein SUV, einen Geländewagen oder einen Allrad-Lastwagen entscheiden. Was spricht für einen Benziner, was für den Diesel? Wie kommt es eigentlich, dass beide Motorvarianten seit mehr als hundert Jahren in friedlicher Koexistenz auf allen Straßen weltweit anzutreffen sind? Der Grund liegt sicherlich darin, dass Diesel und Benzin als Spaltprodukte beim Raffinieren des Erdöls anfallen. Glücklicherweise lassen sich beide Erdölprodukte zum Betrieb von Kraftfahrzeugen einsetzen.

Soll aus kleinen und leichten Motoren viel Leistung geholt werden, verwendet man Benzin. Kommt es mehr auf geringen Verbrauch an, hat der Dieselmotor Vorteile. Vor allem, wenn auf Hubraum, Gewicht, Geräuschentwicklung, Komfort etc. nicht besonders geachtet werden muss. In früheren Jahrzehnten wurden daher Lkw grundsätzlich mit Diesel-, Pkw dagegen mit Benzinmotoren betrieben. Heute gilt dies so nicht mehr. Mittlerweile hat auch der **Dieselmotor Einzug in den Pkw-Bereich** gehalten. Moderne Technik der Motorsteuerung und Geräuschdämmung verhilft ihm zu hervorragenden Fahrleistungen bei gleichzeitig gutem Komfort.

Eine Ausnahme stellte schon früher die östliche (sowjetische) Fahrzeugbaukunst dar. Hier finden sich auf den Straßen noch immer Lkw mit Benzinmotoren. So konnte ich nur mit Glück in einem Fall in Russland verhindern, dass unser Magirus mit Benzin betankt wurde. Der Grund liegt darin, dass die Militärs den Dieseltreibstoff den riesigen Panzerarmeen zugedacht hatten, sodass das Spaltprodukt Benzin für die Lkw zur Verfügung stand. Diese Herren störten sich kaum daran, dass in der Folge ein Ural mit drei Achsen locker auf einen Verbrauch von 100 l/100 km kam.

Wohl alles spricht für die Anschaffung eines Expeditionsfahrzeuges mit **Dieselmotor.** Die Gründe liegen auf der Hand:

- Dieselmotoren verbrauchen etwa ein Drittel **weniger Treibstoff** als gleichstarke Benziner.
- Dieseltreibstoff ist **weltweit erhältlich.**
- **Qualitätsprobleme sind nur selten zu finden.** Sie entstehen meist nur, wenn das Fahrzeug im **Winter** bei Minustemperaturen betrieben werden soll. Dann muss durch Zugabe von Benzin und/oder Petroleum das Ausflocken des Treibstoffs verhindert werden. Leider sinkt dadurch die Leistung des Motors. Ein anderer Weg wäre die Installation einer Heizung, die den Diesel vor Erreichen der Filteranlage ausreichend erwärmt.
- Dieselmotoren haben in der Regel einen wesentlich **größeren Hubraum** als gleichstarke Benziner. Ihre Nenndrehzahl, d.h. der Bereich maximaler Leistung, liegt viel niedriger als beim Benzinmotor. (Ein Beispiel: Mein Unimog 404 S leistet bei 4800 U/Min. 85 PS, Hubraum 2200 ccm. Der Dieselmotor des Magirus leistet bei 2800 U/Min. 125 PS bei 7400 ccm Hubraum.) Aufgrund des sehr viel größeren Hubraums bieten gleichstarke Diesel ein höheres Drehmoment bei gleichzeitig flacher, d.h., über einen weiteren Drehzahlbereich günstig verlaufender Drehmomentkurve. Der Benziner muss „bei Laune gehalten werden", d.h. er läuft in weiten Bereichen im oberen Drehzahlbereich, dort, wo er über sein größtes Drehmoment verfügt, während ein Dieselmotor eher schaltfaul gefahren werden darf. Im Berg entfaltet der Diesel aufgrund der genannten Eigenschaften mehr Durchzug.
- Die **Laufleistungen** von Dieselmotoren liegen im Allgemeinen höher als die der Benziner. Ein

Grund hierfür dürfte in den auf viel höheren Kompressionsdruck ausgelegten Lagern liegen, die weniger Verschleiß haben.

- Viele Bauteile wie die komplette Zündanlage entfallen beim Dieselfahrzeug. Hierdurch wird die **Zahl möglicher Störungen erheblich verringert.** Problematisch können allenfalls Glühanlage oder Einspritzsysteme werden. Auch die Entlüftung des Kraftstoffweges vom Tank zur Einspritzdüse kann, hat man zum Beispiel den Tank vollständig leergefahren oder einen Filter gewechselt, notwendig werden. Wie die Entlüftung funktioniert, steht in der Betriebsanleitung. Auch ein Laie beherrscht diese Handgriffe nach etwas Übung sicher.

011em Abb.: hs

▲ *Im Schlammloch, allerdings beim Truckrail*

- Viel wichtiger erscheint jedoch der Vorteil, dass auch ein überfluteter Dieselmotor **bei einer Wasserdurchfahrt weiterläuft,** während ein Benziner mit nasser Zündanlage stehen bleibt.

Gibt es auch Gründe, die für den **Kauf eines Benziners** sprechen? Eigentlich nur zwei:

- Da wäre zunächst die **Preisfrage.** Falls man ein Basisfahrzeug zu einem sehr günstigen Preis angeboten bekommt und man vorwiegend in Ländern mit (noch) billigen Benzinpreisen unterwegs sein will, kann sich auch ein Benziner rechen.
- In Ländern der **Südsahara** sind zumeist benzingetriebene Fahrzeuge in Gebrauch. **Ersatzteile und Wartungsarbeiten** sind daher u.U. günstiger zu erhalten.

Weiterhin spielt natürlich grundsätzlich die **Vertrautheit mit einer dieser Antriebsvarianten** eine Rolle. Wer sich gut mit Benzinmotoren auskennt, deren Startverhalten im Winter, die kleinen Tricks beim Einstellen der Zündung beherrscht, darf sich auch an einen alten benzinbetriebenen Geländewagen oder Kleinlastwagen herantrauen.

018em Abb.: hs

▲ *Dieser Ex-Feuerwehr-Robur mutierte zum Wohnmobil*

Luft- oder Wasserkühlung?

Fasst man die Anschaffung eines alten Lkws aus Militär-, Feuerwehr- oder THW-Beständen ins Auge, wird man u. a. auch mit der Entscheidung zwischen Luft- und Wasserkühlung konfrontiert.

Etwa Mitte der 1950er Jahre kam **im Dieselmotorenbau die Luftkühlung** groß in Mode. Die meisten Traktoren wurden nach und nach mit diesem Kühlsystem ausgerüstet. Auch die legendären Käfer und Busse aus dem VW-Werk, auch wenn es sich hier um Benzinmotoren handelte, hatten bekanntlich einen luftgekühlten Heckmotor. Mittlerweile ist dieses Kühlprinzip allerdings fast vollständig verschwunden.

In früheren Jahrzehnten wurde mit dem Argument der Gefahr des Einfrierens des Kühlmittels bei Wassergekühlten für die Luftkühlung geworben. Heute ist dieser Gesichtspunkt nur noch bedingt stichhaltig. Mit richtiger Dosierung der Frostschutzmittel im Kühlwasser kann dieses Problem als gelöst betrachtet werden.

Auch der Vorteil der schnellen Erwärmung auf Betriebstemperatur hat durch die Einführung von Mehrkreis-Kühlsystemen und Regelthermostaten seine Bedeutung verloren. Heute sind wassergekühlte Motoren damit durchaus in der Lage, die richtige Betriebstemperatur selbsttätig einzuhalten.

Unter welchen Aspekten lohnt sich also noch der Erwerb eines Oldies vom Schlag eines Magirus-Deutz, eines Tatra oder Roburs mit dieser eigentlich schon veralteten Technik?

Folgende Vorteile sprechen für die **Luftkühlung:**

- Wegfall von störanfälligen Bauteilen und erhebliche Gewichtseinsparung sowie Baugröße. Was nicht vorhanden ist, kann nicht kaputtgehen: Wasserschläuche, Pumpe und Kühler sind überflüssig. Damit lassen sich pro Lkw-Motor im Fall eines Magirus-Deutz leicht 50 kg **Gewicht sowie erhebliche Kosten einsparen.** Auch die Baulänge der Sechs- und Achtzylinderaggregate konnte erheblich verkürzt werden.
- Aktuell aus Sicht des Weltreisenden ist vielleicht die **Höhenunempfindlichkeit** des Kühlsystems. In großen Höhen (Himalaya, Karakorum-Highway, Anden) beginnt das Kühlwasser bereits bei etwa 80 °C zu sieden. Dann hilft es kaum, den Motor bei einer Bergfahrt abkühlen zu lassen; wenige Minuten später ist diese Temperaturgrenze erneut erreicht.
- Auch die **schnelle Reparatur** von Kolben, Zylinderkopf etc. durch einfaches Abziehen des Zylinders und Austausch der defekten Teile erspart u. U. auf Fernfahrten in einsamen Landstrichen das Aus für das Fahrzeug. Ein Ersatzzylinder inklusive Kolben und Ventilen lässt sich bequem mitführen.

Die Vorteile der **Wasserkühlung** liegen

- in der **gleichmäßigeren Kühlung** aller Zylinder etwa ab einem Achtzylindermotor. Hier galt das Magirus-Deutz-Fabrikat mit Luftkühlung als anfällig gegen Überhitzung, z. B. bei langen Autobahnsteigungen, wenn der Fahrer eines voll beladenen Lkws schaltfaul den Motor quälte. (Möglicherweise schlimmer war die Abkühlung des Motors während der Abfahrt auf der Gegenseite. Der zuvor stark erhitzte Motor wurde nun durch den Fahrtwind, verbunden mit den geringen Motordrehzahlen, tiefgekühlt, was unweigerlich zu Materialschäden führte.) Inwieweit der Vorteil der Wasserkühlung bei einem abgelasteten und relativ gering beladenen Fahrzeug noch eine Rolle spielt, sei dahingestellt. Rechtzeitiges Zurückschalten ist dennoch dringend zu empfehlen.

- Sehr viel gravierender erscheint der Vorteil der **besseren Heizleistung** eines wassergekühlten Motors im Winterbetreib. Die Älteren unter uns erinnern sich an das Frieren im luftgekühlten VW-Käfer, wo nur ein dicker Mantel mit Mütze und Schal längere Überlandfahrten ermöglichte. Auch beim Magirus trifft dies im Wesentlichen zu. Die Heizluft für das ohnehin kleine, enge Fahrerhaus wird der Kühlluft von zwei Zylindern entnommen. Hierdurch gelangt äußerst trockene Luft in die Kabine, die den Schleimhäuten auf langen Fahrten erheblich zusetzt und daher nicht unbedingt gesundheitsförderlich wirkt. Die Heizleistung reicht dabei allenfalls in der Übergangszeit aus. Bei tiefen Temperaturen beginnt man im Fahrerhaus furchtbar zu frieren. In der Betriebsanleitung wird ausdrücklich vor dem Verkleinern des Frischluftzutritts in den Motorbereich gewarnt – die einzige Maßnahme, wie dieser misslichen Situation zu begegnen wäre.
- Ein weiterer Vorteil liegt in dem **leiseren Laufgeräusch** eines wassergekühlten Motors. Dieses wird nicht nur durch das umgebende Wasser, sondern auch durch den die Zylinder umgebenden zweiten Mantel wirksam gedämpft. In früheren Jahrzehnten spielte das keine Rolle, da man nicht geneigt war, dem Komfort für den Fahrer allzu viel Beachtung zu schenken. Ohne zusätzli-

che Dämmmaßnahmen hat man nach einer längeren Fahrt im Magirus den Eindruck, dass sich ein Hubschrauber im Kopf befindet.

Fazit: Wer vor allem in extremen Regionen wie Wüsten, arktischen Gebieten oder Hochgebirgen unterwegs sein möchte, wer einen Teil von Störquellen von vornherein ausschließen möchte, sollte zum Luftgekühlten greifen. Wer jedoch auf Heizkomfort, geringe Geräuschentwicklung sowie eine möglichst gleichmäßige Kühlleistung Wert legt, ist sicher mit einem Wassergekühlten besser bedient.

Oldie – kernig oder weichgespült?

Zu Beginn der 1970er Jahre brach sich eine radikale Umorientierung in der Lkw-Technik Bahn. Verließen bislang Fahrzeuge die Fabrikationsstätten, die nur von „ganzen Kerlen" zu fahren waren, so setzte

▼ *Magirus Wohnmobile aus zwei Fahrzeuggenerationen*

022em Abb.: hs

sich am Beginn dieses Jahrzehnts aufwendige, servounterstützte Technik durch, die vor allem erhöhten Komfortansprüchen gerecht werden konnte. Beim Magirus-Mercur, gebaut von etwa 1954 bis 1968, gab es **weder Servolenkung noch -kupplung.** Lediglich die Fußbremse verfügte über Luftdruckunterstützung, und das nicht etwa, um dem Fahrer die Arbeit zu erleichtern, sondern allein deshalb, weil ein 12-Tonnen-Lkw plus Anhänger unmöglich allein von der Fußkraft des Chauffeurs gebremst werden kann. Die Betätigung des Gaspedals erfordert eine erhebliche Kraftanstrengung, an die sich das Bein auf langen Strecken erst gewöhnen muss.

Ebenso gewöhnungsbedürftig erweist sich das **unsynchronisierte Getriebe,** das viele Fahrer der heutigen Generation vor unlösbare Aufgaben stellt. Es kracht und knirscht, aber Schalten ist ja schließlich auch kein Geheimnis, dies darf ja jeder hören.

Eine weitere Quelle des Ärgers stellt die Lautstärke im völlig **unzureichend schallgedämmten Fahrerhaus** dar, die jede Unterhaltung mit dem Copiloten von vornherein zum Scheitern verurteilt. Auch nachträgliche Auskleidung von Motorraum und Kabine ändern daran wenig. Dass dem Federungskomfort ohnehin keine Beachtung geschenkt wurde, braucht nicht gesondert erwähnt zu werden. Mächtige Starrachsen, aufgehängt an vielblattrigen Federn, trampeln ungedämpft auf der Fahrbahn, dass die Höchstgeschwindigkeit von 72 km/h manchmal schon zu viel erscheint. Jedes Schlagloch wird vom „Popometer" akribisch notiert, die billigen, natürlich ebenfalls ungefederten Sitze sorgen dafür. Wer fragte schon nach Rückenschmerzen, nach unnötigen Belastungen der Wirbelsäule? Fahrern, die ihrem Naturell nach diesen Widrigkeiten nicht trotzen wollten, stand es frei, den Beruf zu wechseln.

Wie anders gebärdet sich dagegen die **nachfolgende Fahrzeuggeneration!** Jetzt wird der **Fahrer unterstützt,** wo immer dies möglich ist. Vorbei das enge, laute Fahrerhaus, Kupplung, Lenkung und Bremsen: fast wie im Pkw. Radiomusik, wenn draußen der Regen von den mit mehreren Geschwindigkeiten arbeitenden Wischern von der Windschutzscheibe geputzt wird. Stoßdämpfer sorgen für ruhi-

Wie schaltet man den Oldtimer?

Der eine kann's, der andere kann's nicht. Die meisten Lkw bis weit in die sechziger Jahre wurden mit unsynchronisierten Getrieben ausgestattet, einerseits, weil diese Technik damals noch weit verbreitet war, andererseits wohl auch, um die kostbare Motorleistung nicht durch das Mitdrehen zusätzlicher Ringe im Getriebe zu verschenken. Schließlich gab es gut ausgebildete Fahrer, denen man diese Aufgabe getrost aufbürden konnte. Jene haben inzwischen den wohlverdienten Ruhestand erreicht, die Fahrzeuge der damaligen Zeit ohnehin schon längst. Einige wurden, wie an anderer Stelle beschrieben, in den Beständen der Bundeswehr, des THWs oder der Feuerwehr quasi konserviert, wodurch sie dem heutigen Weltenbummler als Fernreiseuntersatz dienen können. So ein Getriebe knirscht und kracht beim Schalten, dass man sich die Ohren zuhalten möchte. Zu bedauern sind jedoch die armen Ritzel, die aufs Übelste malträtiert werden. Wie gut, wenn man einen Lehrer hat, der es einem beibringt. Der Fernfahrer-Rentner oder ein Bekannter, der sich diese Technik selbst irgendwann beibrachte, helfen entscheidend, die Lebensdauer der Mechanik zu retten. Und so geht's:
Sie fahren ganz normal an, auf ebener Strecke vielleicht im dritten Gang, beschleunigen. Jetzt soll hoch geschaltet werden. Kupplung treten, Schaltknüppel in Mittelstellung der beiden zu schaltenden Gänge bringen (im Beispiel Leerlaufstellung zwischen Gang drei und vier). Schnell auskuppeln (Kupp-

ges Dahingleiten, weil auch die Federkennlinie der immer noch vorhandenen Blattfedern in Richtung Fahrkomfort verschoben wurde. Eine Webasto-Zusatzheizung sorgt auch bei grimmigen Außentemperaturen für Wohlbehagen, wohingegen die Warmluft des Vorgängers nur zögerlich, wenn überhaupt, das Fahrerhaus erreichte. Hinzu kommt ein etwa 40% stärkerer Motor, der das Fahrzeug nicht

lungspedal zurückkommen lassen). Erneut Kupplung treten, den höheren Gang hinein. Das Gleiche noch mal, und schon ist der Fünfte und damit die direkte Untersetzung eingelegt. Wenn beim ersten Berg das Auto immer langsamer wird und man das Gefühl hat, der Motor beginnt sich zu quälen, wird es höchste Zeit zurückzuschalten. Erneut Kupplung treten, Schalthebel in Mittelstellung. Kupplung kommen lassen, anschließend kräftig Zwischengas geben. Erneut Kupplung treten und kleineren Gang einlegen.

Also: Hochschalten mit Zwischenkuppeln ohne Zwischengas, Herunterschalten mit Zwischengas.

Dies erfordert etwas Übung und Feingefühl. Niemals mit Gewalt versuchen, den Gang reinzuzwingen. Erneut Kuppeln; wenn die Drehzahl des Motors zu weit abgefallen ist, einen Gang niedriger als angestrebt schalten. Irgendwann automatisieren sich die ungewohnten Bewegungen der rechten Hand und des linken Fußes, sie werden synchron und ersetzen so die Synchronisation des Getriebes. Wenn man es kann, sind keine Schaltgeräusche mehr zu hören.

Ein unsynchronisiertes Getriebe sollte Ihre Kaufentscheidung übrigens nicht wesentlich beeinflussen, die Schalterei ist einfacher zu erlernen, als man zunächst glaubt. Wenn es dennoch dann und wann einmal kratzt oder knirscht: Es ist noch kein Meister vom Himmel gefallen und ein gutes Getriebe nimmt es (so es denn Ausnahmen bleiben) nicht weiter krumm.

nur – da spurtstärker – schneller die Berge bezwingen lässt, sondern auch die Endgeschwindigkeit deutlich erhöht. Die ist auf europäischen, vor allem deutschen Autobahnen ein wichtiger Sicherheitsaspekt, denn ständig von schnelleren Lkw überholt, geschnitten und ausgebremst zu werden, ist kein Vergnügen.

Hat man die Wahl, spricht wenig für den **Erwerb des kernigen Oldtimers.** Allerdings: Die **Technik ist so einfach und überschaubar,** dass fast alle Werkstätten weltweit die nötigen Reparaturen erledigen können. Die Verfügbarkeit von Ersatzteilen ist auch bei Fahrzeugen der jüngeren Generation in etwa gleich problematisch. Es gilt: Was nicht eingebaut ist, geht auch nicht kaputt.

Ein interessanter Aspekt ist in diesem Zusammenhang, dass die Kraftfahrer früherer Zeiten von den Herstellern noch ernst genommen wurden bei **Pflege und Wartung der Fahrzeuge.** Da waren zum einen die sehr kurzen Serviceintervalle, wobei dem Fahrer zugemutet wurde, Spalt- und Feinfilter zu reinigen, während später nur die Filterpatrone zu ersetzen war. Hat das alte Modell noch fast fünfzig Schmiernippel, die z. T. alle dreitausend Kilometer zu versorgen waren, begnügt sich die neuere Variante mit lediglich einem Dutzend. Bremsen, Kupplung, Radlager waren vom Fahrer einzustellen, Ölstände nicht nur des Motors sondern auch des Luftpressers und der Einspritzpumpe zu überwachen. Daneben wurde die jährliche Tankreinigung dem Lenker ebenso aufgebürdet wie die Funktionskontrolle von Bremsen, Temperaturanzeige und und und.

All das übernahm bei der neueren Fahrzeuggeneration die Werkstatt, wodurch der Fahrer vor technischer Überforderung geschützt, aber auch weitgehend entmündigt wurde. Neben kleineren Pflegearbeiten wie Ölstandskontrolle in Motor, Getriebe, Achsen und Luftfilter, bleibt ihm nicht mehr viel zu tun.

Fazit: Wer in entlegene Weltgegenden reisen möchte, gerne schraubt und eine unkomplizierte Technik schätzt, wird sich mit der alten Fahrzeuggeneration trotz ihrer offenkundigen Nachteile anfreunden können. Nostalgiker kommen hier voll auf ihre Kosten, wobei die Oldtimer-Optik ihren eigenen Reiz entwickelt. Geht man die Frage sachlich an, spricht fast alles für die moderne Variante.

017em Abb.: hs

▲ *Alte Fahrzeugmodelle sind ideal für Entdecker, die auch gerne schrauben und nicht auf Hightech setzen*

Allradkonzepte

Ein wichtiges Entscheidungskriterium für die Auswahl eines Basisfahrzeugs ist die Konstruktion des Allradantriebs. Über dessen Notwendigkeit herrscht unter Extremreisenden Einigkeit: Sand- und Schlammpassagen machen ihn notwendig. Bei älteren Lkw finden sich in der Regel **zwei Konzepte:** zuschaltbarer oder permanenter Allradantrieb.

Zuschaltbarer Allradantrieb

Im Normalfall, d.h. beim Fahren auf festem Untergrund, wird **nur eine Achse angetrieben.** Dies ist bei Lkw die stärker belastete Hinterachse. Solange beide angetriebene Räder Bodenhaftung haben, bewegt sich das Fahrzeug. **Jede Achse verfügt über ein Differential,** welches dafür sorgt, dass der Drehzahlunterschied bei Kurvenfahrten ausgeglichen wird. In einer Kurve legt das innere Rad einen kürzeren Weg zurück als das äußere. Tritt nun zum

Beispiel im Gelände der Fall ein, dass ein Rad keine Bodenhaftung hat und durchdreht, wird die gesamte Antriebsenergie diesem Rad zugeführt, sodass das Fahrzeug steht. Der Allradantrieb sorgt nun dafür, dass die **zweite Achse ebenfalls mit Antriebsenergie versorgt** wird. Bei Bedarf, also wenn der Untergrund glatt oder wenig tragfähig ist, werden beide Achsen somit starr verbunden. Die beiden Antriebswellen rotieren mit gleicher Drehzahl. Im Idealfall werden also alle vier Räder gleichmäßig angetrieben. Dreht nun ein Hinterrad durch, werden noch drei Räder, nämlich die beiden vorderen und das hintere durchdrehende, angetrieben. Erst wenn auch eines der Vorderräder keine Bodenhaftung mehr hat und durchdreht, kommt das Fahrzeug zum Stehen.

Bis hierhin gleichen sich zuschaltbarer und permanenter Allradantrieb. Ein großer **Nachteil der starren Verbindung** des zuschaltbaren Allradkonzeptes liegt nun darin, dass sich der gesamte Antriebsstrang auf trockener, griffiger Fahrbahn verspannt, weil die Drehzahlunterschiede zwischen Vorder- und Hinterachse nicht mehr ausgeglichen werden können.

Gründe für verschieden weite Wege der einzelnen Räder liegen sowohl in unterschiedlichen Kurvenradien als auch kleineren bzw. größeren Raddurchmessern, hervorgerufen durch unterschiedliche Belastungen der Achsen, Profiltiefen und vieles mehr. Deren Ausgleich erfolgt auf glatter Fahrbahn dadurch, dass die Räder geringfügig durchrutschen und sich die Verspannungen automatisch lösen. **Auf trockener Fahrbahn muss also der Allradantrieb sofort ausgeschaltet werden,** um massive Schäden zu vermeiden. Die Vorteile, nämlich die verbesserte Bodenhaftung durch Verteilung des Antriebsmoments auf beide Achsen, gehen dabei verloren.

Permanenter Allradantrieb

Der permanente Allradantrieb löst dieses Problem durch **Einfügen eines Differentials zwischen den Antrieb beider Achsen.** In der Regel verfügt es über eine Sperre für den Fall, dass auf extrem gering haftendem Untergrund beide Räder einer Achse durchdrehen und das gesamte Drehmoment dieser Achse zugeführt wird. Sie sorgt dafür, dass der jetzt unvermeidliche Stillstand des Fahrzeugs durch den Antrieb der zweiten Achse verhindert wird, genau wie beim starren zuschaltbaren Allradantrieb.

Die **Vorteile des permanenten Allradantriebs** liegen also darin, auch auf fester Fahrbahn das Drehmoment an beide Achsen zu führen, um größere Sicherheitsreserven in Kurven zu gewährleisten sowie auf weniger griffigem Untergrund ein Durchdrehen der Räder weitgehend zu vermeiden. Die ↗Längssperre verhindert, wie beim starr zuschaltbaren Allrad, das Durchdrehen der Räder einer Achse durch die zwangsweise Drehmomentzuführung zur zweiten.

Längs- und Quersperren
Geländefahrzeuge werden zunächst mit einer Längssperre ausgerüstet, wodurch die Vorderachse zugeschaltet wird. Unter Quersperren versteht man die Sperrung des Differentials in der Hinter- und/oder Vorderachse.

Nachteile dieses Antriebskonzeptes liegen in der aufwendigeren Bauform und dem höheren Gewicht durch die **zusätzliche Differentialsperre** sowie einem erhöhten Verbrauch durch permanenten Antrieb beider Achsen.

Inwieweit diese Nachteile wirklich die Vorteile überwiegen, hängt von der **Verwendung des Reisemobils** ab. Werden fast ausschließlich Asphaltstraßen benutzt, könnten die dann unnötigen Zusatzkosten eine Rolle spielen. Bei einem Fernreisemobil hingegen, wo mit häufigen Pistenfahrten gerechnet werden muss, überwiegen eindeutig die Vorteile des permanenten Antriebs beider Achsen.

Sollte bei beiden Antriebsarten der Fall auftreten, dass auf jeder Achse ein Rad ohne Bodenhaftung durchdreht, hilft nur noch eine **Achssperre** weiter. Diese ↗Quersperre sorgt nun dafür, dass mindestens drei Räder mit Antriebsdrehmoment versorgt werden. Wird sie zugeschaltet, so werden z. B. beide Hinterräder starr verbunden und müssen drehen, hinzu kommt auf jeden Fall ein Rad der Vorderachse. Gesetzt den Fall, dass noch immer kein Vortrieb zu Stande kommt bei drei durchdrehenden Rädern, besteht die Möglichkeit, auch die Differentialsperre der Vorderachse zu aktivieren. Jetzt wird die **Antriebskraft auf alle Räder verteilt** in der Hoffnung, dass wenigstens ein Rad greift. Der größte Nachteil dieses Konzepts, das z. B. in Unimogs oder IFAs zu finden ist, liegt darin, dass die Fahrzeuglenkung in Kurven durch das gesperrte Vorderachsdifferential stark eingeschränkt ist. Das Fahrzeug versucht, stur geradeaus zu fahren. Enge Kurven sind nicht mehr zu meistern. In der Praxis, abgesehen von sportlichen Trial-Veranstaltungen, fällt dieser Nachteil kaum ins Gewicht. Hier geht es darum, auch in schwierigsten Situationen, z. B. in tiefem Schlamm oder bei Bergauffahrten auf lockerem Untergrund, voranzukommen. Auf lockerem Sand, z. B. bei Dünenfahrten, helfen Quersperren kaum weiter, weil sie dafür sorgen, dass sich das Fahrzeug stärker eingräbt.

Fazit: Wie sieht nun das ideale Antriebskonzept aus? Ideal wäre permanenter Allradantrieb mit getrennt zuschaltbaren Sperren für Hinter- und Vorderachse. Meines Wissens verfügt nur die Militärausführung von IFA 50 und 60 über dieses Konzept. Im Unimog werden beide Achssperren gleichzeitig betätigt. Alle anderen 4x4-Lkw verfügen über permanenten- oder zuschaltbaren Allradantrieb, einige mit zusätzlicher Differentialsperre der Hinterachse. In vielen Fällen lässt sich diese nachträglich einbauen.

Wo kauft man sein Basisfahrzeug?

Grundsätzlich bestehen zwei Möglichkeiten: **Privatkauf** mit der Chance, besonders billig an einen Allradler zu kommen, jedoch mit dem Risiko, dass sich trotz Begutachtung erhebliche Mängel erst später zeigen. Die Alternative heißt: Kauf beim **Fachhändler** mit Service und Gewährleistung, jedoch zum Doppelten bis Dreifachen des Preises, der auf eigene Faust zu erzielen wäre.

Gesetzt den Fall, Sie entscheiden sich für die billige Lösung, so sollten Sie in der Lage sein, Ihr zukünftiges Gefährt einer gründlichen Überprüfung unterziehen zu können. Dies klingt selbstverständlich, ist es aber keineswegs. Als besonders beliebt für den billigen Einkauf gilt hier das **„Kaufhaus" eBay.** Doch wohl die Allerwenigsten schauen sich das Angebotene vor Gebotsabgabe wirklich an, auch wenn dies von Verkäuferseite häufig „ausdrücklich" gewünscht wird. Meines Erachtens handelt es sich bei einem derartigen Hinweis lediglich um eine Alibiaufforderung, denn wer macht sich schon die Mühe, quer durch Deutschland zu reisen, das Fahrzeug zu testen, um schließlich zu erleben, dass er dann bei der Versteigerung überboten wird. Dies weiß der Verkäufer ganz genau und ist bei einem Schrottfahrzeug völlig aus dem Schneider, wenn er es zuvor als „Bastlerfahrzeug" unter Ausschluss jeglicher Gewährleistung verkauft hat. Er wird jedoch wohl kaum den Fehler begehen, offenkundige Mängel unerwähnt zu lassen. Die wirklich gravierenden, zumeist auf den ersten Blick nicht zu entdeckenden, wird er womöglich nicht erwähnen.

Wie kann man sich dennoch **vor einem totalen Fehlkauf schützen?** Hier bleibt zu erkunden, welche Vorbesitzer das Fahrzeug hatte. Stammt es zum

Beispiel aus Beständen der Feuerwehr, so kann man davon ausgehen, dass eine regelmäßige Wartung ebenso selbstverständlich war wie die technische Untersuchung beim TÜV. Dies bezieht sich nicht nur auf Bremsen und Fahrwerk, sondern auch auf Zusatzgeräte wie die Winde und anderes. Gleiches gilt im Prinzip für THW-Fahrzeuge. Wichtig ist zunächst der **Kilometerstand.** Als Faustregel kann gelten, dass das Auto zumindest 1000 km pro Jahr bewegt worden sein sollte, damit die Gefahr von spröden Dichtungen und anderen Standschäden nicht zu erwarten ist. Ebenso wenig sollten **Defekte im Motor- und Antriebsbereich** sowie am Rahmen zu erwarten sein. **Durchrostungen** finden sich womöglich im Bereich der Kotflügel und des Fahrerhauses.

Die Vorgeschichte erkunden

Es gilt zu erkunden, in welchen Regionen und unter welchen Einsatzbedingungen das Fahrzeug betrieben wurde. Interessiert man sich z. B. für einen Unimog aus Kommunalbesitz, der im Winter als Schneeräumer und Salzstreuer tätig war, so darf man sich über massive Durchrostungen nicht wundern. Auch gilt es zu beachten, dass Fahrzeuge im schneereichen Süden wahrscheinlich öfter auf salzgestreuten Straßen im Einsatz waren als solche in Norddeutschland.

Vor Gebotsabgabe sollte noch einmal detailliert nach entsprechenden Mängeln gefragt werden.

Häufig handelt es sich allerdings um **Notverkäufe** aus unterschiedlichsten Gründen. Mitunter ließen sich auf Verkäuferseite Aus- oder Umbauten nicht verwirklichen, worauf dieser, wenn auch unter Verlusten, sein Fahrzeug unbedingt loswerden möchte. Dies wird er jedoch kaum offen äußern. Es ist also höchste Vorsicht geboten.

Ein positives Beispiel: Regelmäßig werden **vom THW Magirus-Doppelkabiner** mit Allrad, begehbarem Dach, Winde für Zug nach vorwärts und rückwärts angeboten. Sie können zum Beispiel mit einem Funkkoffer der kleinen Unimogs oder einem

016em Abb.: hs

▲ *Ein Magirus des THWs im Originalzustand*

Hanomag-Koffer bestückt werden und somit sogar für eine vier- bis fünfköpfige Familie ausreichend Platz bieten. In Anbetracht des Gebotenen erscheint der Ersteigerungspreis zwischen 2000 und 4000 € spottbillig.

Anders gestaltet sich der Erwerb eines gebrauchten Unimogs oder Lkws bei der **Vebeg, dem Verwertungsunternehmen des Bundes.** Hier werden alle möglichen Surplus-Gegenstände aus Beständen der Bundeswehr veräußert. Leider nicht im Rahmen einer Versteigerung, sondern lediglich mit der Möglichkeit, ein „Gebot" abzugeben. Dabei ist zunächst völlig ungewiss, ob man u. U. viel zu hoch bietet. Einziger Anhaltspunkt stellt eine Liste mit vorausgegangenen Erlösen für vergleichbare Allradler dar. Häufig werden allerdings Unimog 1300 bzw. Mercedes 1017 4x4 im Paket von bis zu 10 Fahrzeugen angeboten, womit unsereins natürlich völlig überfordert ist.

Weiterhin problematisch ist die Tatsache, dass in den Ausschreibungen kaum Bildmaterial von den Fahrzeugen angezeigt wird. Zumeist beschränkt der Verkäufer sich auf den Hinweis, das Fahrzeug sei in einem „seinem Alter entsprechenden Abnutzungszustand", worunter man verstehen kann, was man will. Bei wirklichem Interesse besteht jedoch die Möglichkeit, den **Kaufgegenstand nach Absprache in Augenschein zu nehmen.** Vorteilhaft ist weiterhin, dass die Zeiträume zwischen Angebotseröffnung und Zuschlag relativ großzügig bemessen sind.

Eine weitere kostengünstige Möglichkeit stellen die **Verkaufsangebote der einschlägigen Foren** (siehe „Anhang") dar. Hier entfällt der Zeitdruck der Versteigerungstermine à la VEBEG und eBay. Man kann persönlichen Kontakt zum Verkäufer aufnehmen, das Wunschobjekt in Ruhe besichtigen und auch Probe fahren. Unter Umständen lassen sich beim Kaufabschluss auch Garantievereinbarungen aushandeln.

Wer besonderen Wert auf solche **Garantievereinbarungen** legt, sollte zu einem **spezialisierten Händler** gehen. Hier erfolgt neben eingehender Beratung auch weiterer Service, von der TÜV-Abnahme über die Anlieferung bis hin zum kompletten Ausbau wird jede gewünschte Dienstleistung angeboten. Natürlich hat das seinen Preis, der sich letztendlich aber rechnen kann, da man vermeidet, die Katze im Sack zu kaufen. Auch die Versorgung mit preiswerten Ersatzteilen wird zumeist garantiert, in manchen Fällen sogar deren weltweiter Versand. Wer einmal, so wie ich, versucht hat Glühkerzen und Felgen in Sibirien für ein vierzig Jahre altes Fahrzeug zu erwerben, weiß, wie wichtig das sein kann. Nur der Improvisationskunst eines Mechanikers, der Kamaz-Glühkerzen für den Magirius fertigte, war unser Weiterkommen zu verdanken.

Die Zulassung

Ein besonderes Problem für Wohnmobile, die auf Ex-Militär-, THW- oder Feuerwehrfahrzeugen basieren, stellen die zurzeit völlig **ungewissen Steuerbelastungen** dar. Noch werden die Fahrzeuge nach Gewicht besteuert, doch man munkelt von einer zukünftigen Hubraumbesteuerung, vergleichbar mit einem normalen Pkw. Das würde das Aus für diese Fahrzeugkategorie bedeuten, da nur noch wenige Halter bereit wären, diese Belastung zu tragen. Verschärft würde dies zusätzlich durch fehlende Rußpartikelfilter bei Diesel- sowie fehlende Katalysatoren bei Benzinmotoren. Eine **Nachrüstung** dürfte nur in den wenigsten Fällen lohnen.

Was bleibt, ist die **Nutzung eines besonderen Kennzeichens,** mit dem man dem Fiskus ein Schnippchen schlagen kann.

Erste Wahl könnte ein **Saisonkennzeichen** sein, mit dem das Auto nur während der Ferienmonate zugelassen wird. Es erfolgt eine tagesgenaue Abrechnung, allerdings zum gleichen Preis wie beim normalen Kennzeichen. Interessanter ist da schon ein **H-Kennzeichen** (ein nachgestelltes H auf dem Nummernschild für historische Fahrzeuge), an das allerdings bestimmte **Voraussetzungen** geknüpft sind:

- Das Mindestalter des Fahrzeugs muss 30 Jahre betragen.
- Ein Oldtimergutachten ist erforderlich, aus dem hervorgeht, dass es sich um ein erhaltenswertes Automobil in weitgehendem Originalzustand handelt. Wohnmobile scheiden dabei in der Regel aus. Allerdings besteht die Möglichkeit, die Wohnmobilausstattung zu tarnen. Inwieweit hier der TÜV, also die Instanz, die den Originalzustand bescheinigen muss, mitspielt, bleibt dem Verhandlungsgeschick des Antragstellers über-

lassen. Vielleicht hilft etwas TÜV-Tourismus, um die gewünschten Papiere zu erhalten. Auch die Versicherung spielt in der Regel nicht mit, falls man mit dem Oldie zu Camptouren aufbrechen will. Dies stellt jedoch ein geringeres Hindernis dar, da das Auto bei Fernreisen meist ohnehin in vielen Ländern – in allen, die nicht auf der grünen Versicherungskarte aufgeführt sind – neu versichert werden muss, da diese nur ihre nationalen Versicherungen anerkennen.

- Alle zwei Jahre wird eine Hauptuntersuchung fällig, bei mehr als 3,5 t zulässigem Gesamtgewicht jedes Jahr.

Die **positiven Seiten** dieses Kennzeichens:

- lediglich 191 € Steuern im Jahr, egal wie groß der Hubraum ist, ob Kat oder nicht
- keine Einschränkung im täglichen Gebrauch
- keine Abgasuntersuchung

Eine Überlegung, das **07er Kennzeichen** zu beantragen, lohnt für ein Fernreisemobil nicht. Zwar beträgt die Steuer auch hier nur 191 € im Jahr, doch

Die magischen 7,49 t

Die Ablastung auf 7,49 t ist vor allem für Fahrer mit dem Führerschein der alten Klasse 3 von Bedeutung. Er erlaubt das Führen von Kraftfahrzeugen bis zu einem zulässigen Gesamtgewicht von 7,5 t. Normalerweise liegt es bei den hier beschriebenen Lkw in der Größenordnung von 10–15 t, sodass sie den Führerschein der alten Klasse 2 voraussetzen würden. Ob sich ein Lkw sinnvoll ablasten lässt, hängt in erster Linie vom Leergewicht des Fahrzeugs ab. Es sollte inkl. späterem Wohnaufbau unter maximal 6,5–7 t betragen. Etwas „Luft“ muss für die Zuladung bleiben. Dabei sollte auch das Gewicht der vollen Tanks einkalkuliert werden.

wird die Nutzungserlaubnis auf Fahrten zu Treffen und Veranstaltungen, zur Werkstatt, zu Wartungszwecken sowie Überführungs-, Probe- und Prüfungsfahrten beschränkt. Weiterhin werden an den Antragsteller hohe Anforderungen wie ein einwandfreies polizeiliches Führungszeugnis und wenig oder keine Punkte in Flensburg gestellt. Die Erteilung erfolgt zunächst nur für ein Jahr. Sinn und Zweck des Kennzeichens ist es, den Sammlern, die vorwiegend auf Treffen ihre Fahrzeuge vorzeigen wollen, die lästigen Abgas- und Hauptuntersuchungen zu ersparen und gleichzeitig die Möglichkeit zu eröffnen, bis zu zehn Autos zuzulassen.

Will man sein Wohnmobil nur sehr kurze Zeit nutzen, bleibt das steuerfreie **Kurzzeitkennzeichen** mit einer Gültigkeit bis zu fünf Tagen. Es ist eigentlich für Probe- und Überführungsfahrten gedacht, doch zu einem Treffen an einem verlängerten Wochenende sollte es auch nutzbar sein.

004em Abb.: hs

Welches Fahrzeug ist das richtige?

Robur

Die wohl günstigste Möglichkeit, ein allradgetriebenes Basisfahrzeug zum Ausbau eines echten Expeditionsmobils zu erwerben, dürfte die Anschaffung eines Roburs sein. Aus **Beständen der ehemaligen Nationalen Volksarmee (NVA) oder der Feuerwehren der DDR** lassen sich teilweise schon zum Schrottpreis unrestaurierte Lkw dieses Typs erwerben. Mit etwas Glück findet man sie bestückt mit Falt- oder Funkkoffern, die zum Wohnausbau taugen. Bei letzteren besteht die Außenhaut allerdings aus Presspappe und sollte unbedingt durch Aluminium ersetzt werden. Natürlich bietet sich auch die Möglichkeit, einen völlig anderen Koffer anstelle der vielleicht vorhandenen Pritsche zu montieren.

▼ *Robur mit aufgesetzter Wohnmobil-Kabine*

026em Abb.: hs

Angetrieben werden die Roburs zumeist von einem durstigen und drehmomentschwachen Benziner mit 3370 ccm Hubraum und 75 PS. Bei einem Leergewicht von 3370 kg (inkl. Pritsche) und einem zulässigen Gesamtgewicht von 5000 kg sind Beschleunigung und Höchstgeschwindigkeit enge Grenzen gesetzt. Auch der Mindestverbrauch von 25 l Benzin auf 100 km stimmt bedenklich. Werden die 5 t Gewicht mit ausgebauter Kabine, Wasser und Zusatztank erreicht, schnellt der Verbrauch noch einmal in die Höhe.

Grundsätzlich ist eine Verdieselung mit Deutz-Motoren, da diese ebenfalls luftgekühlt sind, möglich. Eine Einbauanleitung unter Angabe der benötigten Teile ist meines Wissens nicht erhältlich. Ob sich dieser Aufwand lohnt, muss ebenso wie die Verdieselung eines Unimog 404 mit einem dicken Fragezeichen versehen werden.

In der Endphase der DDR wurden Robur bereits werkseitig mit Deutz-Dieselmotoren ausgeliefert. Diese ziemlich neuen und demzufolge gut erhaltenen Fahrzeuge dürften sich mittlerweile jedoch in Händen von Liebhabern befinden und ihre Anschaffung in restauriertem Zustand naturgemäß relativ teuer sein.

Eine weitere Alternative wären die ebenfalls seltenen, eigentlich für den Export in Drittweltländer bestimmten Robur mit in der DDR entwickeltem Dieselmotor. Ob diese Variante allerdings zu empfehlen ist, wage ich zu bezweifeln, da der nur 68 PS schwache Antrieb die Fuhre noch lahmer werden lässt.

Für den Benziner spricht weiterhin die noch recht gute Versorgung mit Ersatzteilen, die entweder bei einschlägigen Händlern bestellt (siehe „Anhang") oder auf Weltenbummlertreffen erworben werden können. Auf der positiven Seite steht ebenfalls der Allradantrieb mit Untersetzung, der in Verbindung mit Einzelbereifung für gute Geländeeigenschaften sorgt. Auch die Luftkühlung würde ich positiv bewerten, da sie einen Teil der Störquellen ausschließt. Beachtlich ist die mögliche Anhängelast bei einem gebremsten Hänger von 5 t (ungebremst 1,5 t).

Hanomag AL 28

Der Hanomag AL 28 stellt das klassische Expeditionsmobil an sich dar. Schon vor vielen Jahren aus den Beständen der Bundeswehr bzw. des THWs ausgemustert, waren diese geländegängigen Allrad-Lkw der Traum eines jeden, der die weite Welt erkunden wollte. Der nach heutigen Maßstäben leistungsschwache 2,8 l Diesel leistet gerade einmal

70 PS und muss vier bis fünf Tonnen bewegen. Für schweres Gelände wurde ihm eine Untersetzung mit Allradantrieb spendiert, wodurch sich Steigungen bis 67 Prozent bewältigen lassen. Dies gilt naturgemäß nur für das unbeladene Fahrzeug. Interessant für den Weltenbummler sind Lkw mit vorhandenem und ausbaufähigem Koffer, die auch heute noch angeboten werden. Ältere Modelle weisen zum Teil erhebliche Korrosionsschäden auf und sollten beim Kauf nicht in Betracht gezogen werden. Jüngere Baujahre erkennt man an der kantigeren Haube, die ab 1963 verbaut wurde. Manche Fahrzeuge wurden mit einer 3 t-Bergewinde ausgerüstet. Sie sind allerdings sehr selten zu finden. Ebenso selten sind nachgerüstete Mercedes OM 314 Motoren, die aus 3800 ccm Hubraum immerhin 85 PS holen und dabei etwa 5 l weniger Treibstoff konsumieren. Für jeden, der sich mit dem Gedanken trägt, einen solchen Klassiker zu erwerben, hier eine ↗Checkliste, die natürlich auch bei der Prüfung anderer Oldtimer Verwendung finden kann.

Checkliste

- ❑ *Die Kompression der Zylinder sollte zwischen 24 und 28 bar liegen. Unter 20 bar Finger weg.*
- ❑ *Verliert das Fahrzeug Öl? Kontrolle von Motor, Getriebe, Verteilergetriebe, Lenkgetriebe, Achsen.*
- ❑ *Während der Probefahrt unbedingt die Wirkung der Bremsen überprüfen. Gleichmäßige Wirkung, auch der Handbremse? Während einer Vollbremsung Hände vom Steuer nehmen.*
- ❑ *Haben Radlager und Kreuzgelenke Luft? Sind die Kugelköpfe verschlissen?*
- ❑ *Ist die Zylinderkopfdichtung o. k.? Kontrolle durch Öffnen des Kühlers. Steigen Blasen auf, Finger weg.*
- ❑ *Kontrolle des Kühlwassersystems auf Dichtigkeit. Hier lassen sich kleinere Schäden oft in Eigenregie beheben.*

- *Wie startet der Wagen bei kaltem und warmem Motor? Sind lediglich die Batterien verbraucht? Neue Batterien sollten auf jeden Fall in Erwägung gezogen werden.*
- *Besonderes Augenmerk auf Korrosionsschäden im Bereich der Frontscheiben legen (unter den Gummis), im Einstiegsbereich und unter den Fußmatten. Weiterhin im Bereich der Scheinwerfer sowie der Kotflügel. In der Zeit als diese Lkw entstanden, war Rostvorsorge ein Fremdwort.*
- *Gleiches gilt für den Kofferaufbau, der ebenfalls gründlich, auch von unten, untersucht werden sollte.*

Sollte das Prüfergebnis negativ ausfallen, bleibt als Alternative der Kauf eines gepflegten, in Liebhaberhand befindlichen Exemplars, möglichst mit bereits ausgebauter Wohnkabine: Wenn schon, denn schon. Da das Werk schon lange keine Lkw mehr produziert, stellt sich die Frage nach der Ersatzteilversorgung. Hier ist man auf einschlägige Händler angewiesen oder muss auf den entsprechenden Internetseiten (siehe „Anhang") suchen. Manche Besitzer möchten sich von ihrem behäbigen Klassiker

▼ *Lustig angestrichene Hanomag AL 28*

020en Abb.: hs

trennen und ein zeitgemäßeres Fahrzeug erwerben, wie zum Beispiel die häufig angebotenen Magirus 170 FA.

Der Hanomag wird langsam selten auf den Treffen der Weltenbummler, die er noch vor einigen Jahren dominierte. Aber vielleicht ist das ja gerade ein Grund, sich für dieses schöne und liebenswerte Automobil zu entscheiden.

Die Unimog-Familie

Will man das **absolute Nonplusultra der Geländegängigkeit** anstreben, kommt man um den ↗Unimog nicht herum. Dies hat mehrere Gründe:

Unimog
Unimog bedeutet eigentlich „Universal-Motor-Gerät" und meint die Ausbaufähigkeit des Basisfahrzeugs für die verschiedensten Einsatzbereiche. Ursprünglich als Traktor für die Landwirtschaft gedacht, fand er seinen Weg zum Militär, Straßenbau und unzählige weitere Einsatzzwecke.

Da ist zunächst einmal das **Prinzip der Portalachsen.** Um eine möglichst große Bodenfreiheit zu erzielen, verfügt dieses Fahrzeug über ein Vorgelege-Untersetzungsgetriebe in Form eines Stirnrades mit Wellenversatz im Radträger. Hierdurch wird erreicht, dass Achsrohr und Differential über der Radmitte liegen. Selbst der relativ kleine 404 kann so Hindernisse von 40 cm überfahren. Normale Geländewagen schaffen meist allenfalls 25 cm. Auch bei schweren Allrad-Lkw ist bei 30 cm Bodenfreiheit Schluss. Weitere positive Auswirkungen dieser Konstruktion wären eine erhebliche Gewichtseinsparung am Antriebsstrang, da nicht nur Schaltgetriebe und Antriebswellen, sondern auch Sperren und Differentiale klein dimensioniert werden können. Zwar laufen die einzelnen Zahnräder dadurch schneller, doch übertragen sie geringere Drehmomente, weil das hohe Drehmoment erst am Rad erzeugt wird.

023em Abb.: hs

▲ *Klein, aber fein: der Unimog 416 als Basisfahrzeug*

Ein weiterer Grund ist die **hohe Kippsicherheit** durch niedrigen Fahrzeugschwerpunkt. Die Portalachskonstruktion ermöglicht die Verwendung relativ kleiner Räder, wodurch der Fahrzeugaufbau bei immer noch großer Bodenfreiheit niedrig gehalten werden kann. In Verbindung mit der großen Spurbreite ergibt sich eine Kippgrenze von etwa 42 Grad. In dieser Disziplin liegen selbst moderne Offroader deutlich unter den Werten der Unimogs. Wohl nur selten wird die Kippgrenze tatsächlich erreicht werden, da schon bei 25 Grad den meisten Fahrern das Risiko zu hoch werden dürfte. Bevor der Unimog also diesen „point of no return" erreicht hat, dürften ihn die meisten Chauffeure schon längst fluchtartig verlassen haben.

Doch wie überall sonst auch gibt es kein technisches Konzept, das nur Vorteile aufweisen kann. Die **Nachteile des Unimogs** liegen in der **Federung.** Die Schraubenfedern in Verbindung mit der hohen Beinfreiheit sorgen für ein ständiges Wippen und Kippeln des Fahrzeugs, nicht nur auf schlechten Wegstrecken sondern bereits auf deutschem Asphalt. In Verbindung mit einer entsprechenden Dachlast wird das Fahrvergnügen auf langen Strecken deutlich geschmälert. Hier liegen signifikante Nachteile der Unimog-Konzeption gegenüber Lkw-Lösungen mit Blattfedern.

Schubrohrtechnik und Starrachsen

Im modernen Geländewagenbau aufgrund schlechter On-Road-Eigenschaften längst aus dem Verkehr gezogen, bieten Starrachsen im Gelände den nicht zu unterschätzenden **Vorteil der unveränderten Bodenfreiheit** beim Ein- und Durchfedern. Die Schubrohrtechnik besagt, dass die Steckachsen sowie Antriebswellen in Rohren geschützt geführt werden, wobei nur an den Lenkrädern der Vorderräder und achsseitig an den Kugelgelenken der Schubrohre verschleißanfällige Gelenke verbaut werden müssen. Hierbei können die Achsen sowohl auf- und abschwingen, als sich auch um die Fahrzeuglängsachse drehen.

Ein Nachteil sind jedoch die besonders bei den kurzen Unimogtypen auftretenden **Schlingerbewegungen an Vorder- und Hinterachse,** da die beim Ein- und Ausfedern auftretenden Seitenkräfte vom Panhardstab nicht verhindert werden.

Achsverschränkung

Der Unimog verfügt über eine Achsverschränkung von 30 Grad, was einem Federweg von 50 cm entspricht. Hierdurch wird die hervorragende Geländefähigkeit auch ohne die Zuschaltung der Differentialsperren erklärlich. Da der Unimog normalerweise ohne Achsstabilisatoren ausgeliefert wird, ergeben sich als Nachteil schlechte Fahreigenschaften im Straßenbetrieb. Bei schnellen Richtungswechseln oder abrupten Bremsvorgängen neigt das Fahrzeug zum Aufschaukeln, wobei die Räder abheben und im Extremfall das Auto umkippen kann.

Unimog 404

Die wohl preiswerteste Möglichkeit, einen Unimog zu erweben, dürfte mit dem Modell 404 gegeben sein. Hiervon wurden ab den 1960er Jahren rund 65.000 Stück an die Bundeswehr ausgeliefert. Aufgrund des sehr durstigen Benzinmotors (siehe Kapitel „Lohnt sich die Verdieselung?") ist die Nachfrage nach diesem Modell recht gering. Wer sich dafür entscheidet, erhält ein zuverlässiges Fahrzeug mit überragenden Geländeeigenschaften. In Verbindung mit der häufig vorhandenen Funkkabine lässt sich ein exzellentes Expeditionsmobil für kleines Geld aufbauen.

▲ *Auf einer Geröllpiste in der Sahara*

024em Abb.: hs

Technische Daten	
Leistung	*82 PS bei 4800 U/Min.*
Hubraum	*2196 ccm*
Verbrauch	*ab 25 l/100 km*
Höchstgeschwindigkeit	*95 km/h*
Bodenfreiheit	*40 cm*
Wattiefe	*80 cm*
Max. Steigung	*70 % (vollbeladen)*
Leergewicht	*2600 kg (mit ausgebautem Koffer 3600 kg)*
Zulässiges Gesamtgewicht	*4750 kg*

Einheitenrechner

1 PS = 0,74 KW

1 KW = 1,36 PS

Unimog 416

Der Nachfolger des 404 wurde mit einem leistungsstarken, je nach Ausführung 90 bis 125 PS starken Dieselmotor mit 5700 ccm Hubraum ausgerüstet. Damit wurden fast alle Mängel des Vorgängers beseitigt, vor allem wurden Achsen, Radaufhängungen sowie alle weiteren Antriebskomponenten verstärkt. Er gilt als das nahezu ideale Basisfahrzeug für ein extrem geländegängiges Expeditionsfahrzeug. Größenmäßig zwischen Pkw-Geländewagen und Lkw angesiedelt, wird er der Forderung nach einem Fahrzeug gerecht, das sowohl wohnmobiltauglich als auch preiswert auf Fähren oder der Bahn zu transportieren sein soll. Dieses Modell bietet, ohne die Gefahr der Überladung, die Möglichkeit, große Diesel- und Wassertanks unterzubauen sowie eine Wohnkabine mitzuführen.

027em Abb.: hs

▲ *Unimog mit Aufstelldach*

Der Nachteil liegt im recht hohen Preis, da nur wenige Fahrzeuge bei der Bundeswehr zum Einsatz kamen. Die meisten befinden sich bereits in Liebhaberhand; die übrigen werden zu Preisen gehandelt, die einem U 1300 entsprechen.

Technische Daten	
Leistung	*90–125 PS (je Ausführung)*
Hubraum	*5675 ccm*
Abmessungen LxBxH (in mm)	*4650 x 2150 x 2350*
Geschwindigkeit	*81–100 km/h*
Leergewicht	*2800–3200 kg*
Zulässiges Gesamtgewicht	*5800–7000 kg*

Unimog 1300

Vor allem von der VEBEG werden Unimog dieses Typs angeboten, weil sich die Bundeswehr von einem Teil der alten Fahrzeuge trennt, die als Nachfolger des Unimogs 404 in Bezug auf die Stückzahl gesehen werden müssen. Hier handelt es sich jedoch von Gewicht und Größe her um einen waschechten Lkw, der mit den kleinen Typen nicht verglichen werden sollte. Auch dieses Modell ist in puncto Geländegängigkeit unschlagbar, vermag jedoch wesentlich größere Lasten zu transportieren. Große Wohnkabinen lassen sich gut realisieren, wodurch ein Höchstmaß an Komfort in Verbindung mit größtmöglicher Geländegängigkeit zu erzielen ist. Da bei diesem Modell die Probleme des lauten, engen Fahrerhauses beseitigt wurden, lassen sich auch weite Entfernungen entspannt zurücklegen. Für viele ist dieser Unimog die ideale Basis für ihr Expeditionsmobil. Leider, und das gilt in noch stärkerem Maße als für den 416, sollte man über das nötige Kleingeld verfügen, denn zum Schnäppchenpreis sind diese Fahrzeuge nicht zu erhalten.

028em Abb.: hs

▲ *Unimog 1300 mit Wohnkoffer*

Technische Daten	
Leistung	*130 PS (als Ausführung A mit Saugmotor)*
Hubraum	*5675 ccm; 6-Zylinder-Diesel*
Abmessungen LxBxH (in mm)	*4750 x 2300 x 2250*
Höchstgeschwindigkeit	*86 km/h*
Leergewicht	*5700 kg*
Zulässiges Gesamtgewicht	*9000 kg*

Die Modelle von Magirus-Deutz

Bereits im Jahr 1954 schickte die Firma Magirus-Deutz zwei **luftgekühlte Lkw** auf die weite und beschwerliche Reise nach Belgisch-Kongo, um zu beweisen, dass die Luftkühlung auch bei heißesten Temperaturen einwandfrei funktioniert. Dabei handelte es sich um einen Rund- und einen Eckhauber, letzterer ausgestattet mit Allradantrieb. Wohlbehalten kehrten sie nach 20.000 km zurück, wobei sie die Sahara zweimal queren mussten. Vielleicht waren das die ersten „Expeditions-Mobile" von Magirus, wenngleich auch nie zu diesem Zweck konstruiert.

Das **Eckhauber-Modell** wurde als **Magirus-Mercur** (bzw. -Saturn oder -Jupiter) mit all seinen Sonderausführungen bis hin zum hubraumstarken 8-Zylinder mit weit über 200 PS zum wohl stärksten Umsatzträger der Firma. Diese Fahrzeuge waren auf den Straßen im „Wirtschaftswunder-Deutschland" allgegenwärtig. Während sich zu Beginn der 1970er Jahre immer mehr wendige Frontlenker bei den Herstellern durchsetzten, da sie keinen wertvollen Nutzraum aufgrund einer langen Haube verschenkten, entschloss sich Magirus dennoch zu einer Serie von Haubenfahrzeugen mit starken 8-Zylinder-Motoren, die jedoch nicht mehr auf einen Planetennamen sondern auf die sachliche Bezeichnung 170 hörten. Traditionell denkende Kunden, die den Vorteil eines fast offen liegenden Motors bei Reparaturarbeiten schätzten oder den Sicherheitsgewinn beim Aufprall bedachten, wählten diesen Typ.

Bezeichnung der Magirus-Modelle

Die Magirus-Modelle der 1950er und 1960er wurden in der allgemeinen Weltraum-Euphorie der damaligen Zeit mit den Namen der Planeten unseres Sonnensystems bezeichnet. Später kam man zur sachlichen Ziffern- und Zahlenkombination zurück. Aus diesen lässt sich prinzipiell Motorleistung und zulässiges Gesamtgewicht erschließen. Die Kombination 170 D 11 FA bedeutet z. B.: Die Motorleistung beträgt 170 PS, das zulässige Gesamtgewicht 11 Tonnen. D steht für Diesel. Die Bezeichnung F bedeutet Frontlenker, A steht für Allrad.

025em Abb.: hs

▲ *Unterwegs mit dem Magirus-Mercur*

Obwohl mein Begleitteam bei einer Reise zum Baikal-See in solch einem Fahrzeug pannenfrei unterwegs war, scheint es mir als Basisfahrzeug auf Grund seiner Größe eher ungeeignet. Zum einen ist eine Ablastung (unter 7,5 t) nicht möglich, zum anderen erscheinen mir Dieselverbrauch und sonstige Unterhaltskosten in keinem sinnvollen Verhältnis zum Nutzwert zu stehen, sodass dieser Typ hier nicht weiter erwähnt wird.

Wer sich speziell für die vielen verschiedenen Typen der Firma Magirus-Deutz interessiert, sei auf das Buch von Bernd Regenberg, „Das Lastwagenalbum Magirus" (siehe „Literaturtipps"), verwiesen. Etwa ab den 1970er Jahren wurden den schweren Eckhaubern **leichtere Frontlenker** zugesellt, die sich optisch allerdings völlig von ihren kantigen Brüdern unterschieden. Das Fahrerhaus endete bei diesen Modellen an der Stoßstange und viele Betrachter fanden (und finden) das Styling dieser Modelle alles andere als gelungen.

Zum **Ausbau als Expeditionsmobil** kommen eigentlich nur die auf 7,49 t ablastbaren Eckhauber- und Frontlenkermodelle aus den 1960er und 1970er Jahren infrage. Von den beiden Grundtypen (Mercur 120 D mit 6-Zylinder-V-Motor mit 125 PS bzw. 170 D mit 176 PS, ebenfalls V-Motor, aber als Frontlenker) gab es zahlreiche Ausführungen und Modellvarianten, um sie optimal an ihr jeweiliges Aufgabengebiet anzupassen. Beide wurden u. a. als Feuerwehrfahrzeuge eingesetzt oder für die Aufgaben des Technischen Hilfswerks ausgestattet. Die beiden Typen unterscheiden sich jedoch nicht nur optisch, sondern vor allem in technischer Hinsicht. Der Mercur gehört mit seiner rustikalen Art, frei von jedem Komfortdenken, zum Typ des „kernigen Oldtimers" (s. Kapitel „Kerniger oder weichgespülter Oldie?", auf beide treffen die dargestellten Unterschiede exakt zu). Der neue 170 D 11 entspricht dagegen dem komfortablen, modernen Fahrzeug.

Hat man die Wahl zwischen einem **Magirus-Mercur 120 D 10** und einem **Magirus 170 D 11,** würde ich aus eigener, leidvoller Erfahrung unbedingt zu der modernen Variante raten. Doch auch beim 170 D 11 wird man häufig vor die Wahl eines Modells aus Feuerwehr- oder eines aus THW-Beständen gestellt.

Die **Fahrzeuge aus Feuerwehr-Beständen** sind zumeist – bei diesem Modell gibt es kaum zwei gleiche Ausführungen – mit kippbarem Fahrerhaus, Einzelkabine und langem Feuerwehraufbau ausgestattet. Zumeist verfügen sie über eine Rahmenseilwinde mit Zug nach vorn. Manche Fahrzeuge wurden, zuzüglich zur Längssperre des permanenten Allradantriebs, auch mit einer hinteren Quersperre ausgerüstet.

Dieser **Einzelkabiner** eignet sich vor allem für Leute, die ohne weiteren Familienanhang allein oder als Paar unterwegs sein möchten. Der Koffer kann recht groß dimensioniert werden, da das Fahrgestell ebenfalls sehr großzügig ausgelegt wurde. In diesem Zusammenhang sei angemerkt, dass sich der originale Feuerwehr-Aufbau nur schlecht als Wohnkoffer umbauen lässt. Zum einen fehlt neben der Stehhöhe jegliche Isolation, stören die Rollvorhänge aus Aluminium, beeinträchtigen die Unterflur-Staukästen sowohl Bodenfreiheit als auch die Anbringung von Dieselzusatz- und Wassertank, zum anderen beeinträchtigt schließlich das große Gewicht die Ablastungsmöglichkeit auf die magische Grenze von 7,49 t.

Ich habe mich daher entschlossen, diesen Feuerwehr-Koffer schnellstmöglich zu entsorgen. Allerdings habe ich auch anlässlich verschiedener Weltenbummler-Treffen durchaus gelungene Ausbaulösungen gesehen. Will man diesen Aufbau weiter verwenden, sollte man über gute handwerkliche, vor allem schweißtechnische Kenntnisse verfügen.

029em Abb.: hs

▲ *Magirus 170 11 FA*

Die zweite Variante wäre die Anschaffung eines **Fahrzeugs mit Doppelkabine aus den Beständen des THWs.** Als Vorteile wären die Rahmenseilwinde mit Zug nach vorn und hinten, sowie das begehbare und als Dachträger nutzbare Fahrerhaus zu nennen. Natürlich können Familienväter ihren Nachwuchs auf den Hinterbänken der Doppelkabine bequem unterbringen, die auch ein bis zwei Personen als Schlafstätte dienen kann. Nachteilig ist das nicht kippbare Fahrerhaus, vor allem, wenn Arbeiten an Motor oder Antrieb anstehen. Ebenfalls nachteilig erscheint mir die Möglichkeit, nur einen verhältnismäßig kleinen Wohnkoffer anstelle des serienmäßigen und kaum zu Wohnzwecken verwendbaren THW-Behälters aufbauen zu können. Es finden sich zahlreiche Lösungen, z.B. mit aufgesetztem Funkkoffer des Unimogs 404 oder erweitert mit einem Hochdach eines VW-Campingbusses. Beide Fahrzeugmodelle stellen eine hervorragende Basis für Expeditionsfahrzeuge dar. Sie bedürfen vor allem einer Umrüstung auf Einzelbereifung, um dann auch schwierigsten Geländebedingungen trotzen zu können.

Technische Daten:

Magirus-Mercur 120 D 10	
Leistung	*120 PS bei 2500 U/min*
Hubraum	*7490 ccm*
Länge	*7,60 m*

Magirus 170 D 11	
Leistung	*176 PS bei 2650 U/min*
Hubraum	*8424 ccm*
Länge	*7,05 m*

IFA W 50/L 60

Fast so geländegängig wie ein schwerer Unimog sind die IFA W 50 bzw. L 60 **aus den Beständen der ehemaligen NVA der DDR.** Sie verfügen über Einzelbereifung mit **riesigen Ballonrädern** der Größe 20–20, die vor allem zur Durchquerung von Weichsandflächen geeignet sind. Der Unimog verfügt allerdings über Portalachsen, die ihm eine weitaus größere Bodenfreiheit ermöglichen. Serienmäßig haben die IFA-Fahrzeuge jedoch eine **Reifendruck-Regelanlage,** die es erlaubt, einen dem Untergrund angepassten Reifendruck einzustellen. Dieses System kann auch bei schrägstehendem Fahrzeug, z.B. beim Campen, genutzt werden,

IFA W 50 unlackiert mit Offiziers-Koffer aus GFK

wenn man eine bequeme Liegestellung für die Nacht wünscht.

Wird der Untergrund morastig, stehen **Differentialsperren an Vorder- und Hinterachse** sowie ein Untersetzungsgetriebe zur Verfügung. Ab dem Baujahr 1967 wurde das Fahrzeug mit einem in Lizenz gebauten wassergekühlten MAN-Dieselmotor ausgerüstet. Er verfügt über vier Zylinder mit einem Hubraum von rund 6500 ccm und leistet 125 PS. Kupplung und Bremsen sind hydraulisch unterstützt und das Getriebe ist ausgestattet mit Untersetzung und Synchronisation.

Die zurzeit angebotenen Lkw verfügen zumeist über einen so genannten **LAK-Koffer** aus schusssicherem und gasdichtem dicken Plaste in sechseckiger Wabenform mit am Dachrand eingelassenen Fenstern. Durch sie kann man nur den Himmel sehen, der abendliche Sonnenuntergang bedingt den Aufenthalt im Freien. Weitere Fenster lassen sich aufgrund der Dicke und der massiven Ausführung des Koffers nur mit großem Aufwand einfügen. Der Koffer lässt sich beim Ausbau auch kaum anbohren. Daher benötigt man einen guten Klebstoff, will man Bauteile an den Wänden befestigen.

Zumeist verfügen die Koffer jedoch über umlaufende Befestigungsschienen, an denen das Mobiliar mithilfe von einhakbaren Schrauben befestigt werden kann. Der Koffer war u. a. gedacht als Unterkunft für Offiziere und sollte daher noch ausgestattet sein mit evtl. nutzbaren Wohnausbauten, wenn man keine allzu hohen Maßstäbe anlegt und die Kostenseite eine entscheidende Rolle spielt. Mit seinen zahlreichen Halterungen für Reservekanister u. a. macht er einen sehr **militärisch-martialischen Eindruck,** der unbedingt durch eine freundliche Farbgebung gemildert werden sollte, auch wenn die ursprüngliche Grünfärbung nicht unbedingt als Tarnfarbe anzusehen ist (womit sie ausfuhrgenehmigungspflichtig wäre oder zumindest im Ausland Probleme bereiten könnte).

Der **IFA W 50** lässt sich problemlos auf 7,49 t ablasten und darf dann mit dem alten Führerschein Klasse 3 gefahren werden. Im Verbrauch, der Höchstgeschwindigkeit und dem Preis entspricht er heute auch den Westprodukten der damaligen Zeit wie dem Magirus-Mercur oder dem Hanomag AL. Seine Vorteile liegen in der viel besseren Geländegängigkeit, die Nachteile in der allen Ostprodukten anhaftenden größeren Störanfälligkeit. Ein Schwachpunkt stellt z. B. die Zylinderkopfdichtung dar, die häufig unmotiviert ihren Geist aufgibt.

Im Jahr 1986, also kurz vor der Wende, wurde als Nachfolger der **IFA L 60** vorgestellt, der von 1987–1990 gebaut wurde. Zunächst unterscheidet er sich durch das kippbare Fahrerhaus sowie die stabilere und größere Aufhängung von Achsen, Rahmen, dem 8-Gang-Getriebe und dem hydropneumatischen Zweikreisbremssystem. Der W 50 hat lediglich hydraulische Bremsen mit Druckluftunterstützung. Der wassergekühlte Reihensechszylinder leistet nunmehr 180 PS und der Lkw liegt technisch damit auf dem Niveau eines Magirus 170 FA und vergleichbarer Westprodukte. Auch dieses Fahrzeug ist mit dem LAK-Koffer erhältlich, wenn auch etwas Mühe bei der Suche aufgewendet werden muss. Bedingt durch die kurze Bauzeit sind fast alle Fahrzeuge dieses Typs in Liebhaberhand. Die Militärausführung wurde mit einer Rahmenseilwinde mit wahlweise Zug nach vorn und hinten ausgestattet. Leider ist dieser Lkw nur bedingt auf die magische Grenze von 7,49 t ablastbar. In jedem Fall muss dann die Winde ausgebaut werden.

Mercedes LA 911, der „Kurzhauber"

Erneut ein mittelgroßer Allrad-Lkw, der **in der Globetrotterszene zu den beliebtesten Fahrzeugen** zählt. Und dies hat seinen Grund. Zunächst steht hier einmal die legendäre Zuverlässigkeit des Sterns, die weltweit gesicherte Ersatzteilversorgung und die große Zahl an Fahrzeugen, die schon ab Werk über einen großen, gut ausbaubaren Koffer verfügen. Der lediglich starr zuschaltbare Allradantrieb wird ergänzt durch die in zahlreichen Exemplaren verbaute Hinterachssperre, wodurch auch unter schwierigen Verhältnissen das Fortkommen garantiert ist. Will man nicht allzu extremes Gelände befahren, macht auch die relativ geringe Bauchfreiheit bei langem Radstand keine Sorgen.

033se Abb.: hs

▲ *Umgebauter Mercedes LA 911*

Der **Reihensechszylinder-Dieselmotor** mit 5638 ccm Hubraum leistet 130 PS und beschleunigt das fast 7,5 t (Leergewicht) schwere, ausgebaute Wohnmobil nur moderat. Hierbei dürften mindestens 25 l Kraftstoff pro 100 km durch die Düsen fließen, womit er sich in trauter Gemeinschaft mit seinen etwa gleichstarken Konkurrenten von Magirus und IFA befindet. Auch die Anschaffungspreise dürften bei etwa gleichem Alter und Erhaltungszustand nicht wesentlich differieren.

▼ *Mercedes 1017*

032em Abb.: hs

Als Nachfolger bei der Bundeswehr eingesetzt und zurzeit ausgemustert präsentiert sich der **Mercedes 1017.** Sein Sechszylinder-Diesel leistet allerdings 172 PS, wodurch das Fahrzeug wesentlich agiler wird. Auch hier besteht das Problem, unter die Schwelle von 7,49 t abzulasten. Dies dürfte nur mit einem sehr leichten Alukoffer möglich sein. Winde, Zusatztank etc. dürften entfallen, erstere ist dank Hinterachssperre nicht unbedingt vonnöten.

MAN Kat 1, 6x6

Will man das **Nonplusultra eines Expeditionsmobils** erwerben, fällt der Blick irgendwann auf einen dieser Dinosaurier der Basisfahrzeuge, für die exemplarisch der MAN Kat beschrieben werden soll. Natürlich wird der **Lkw-Führerschein der Klasse 2 benötigt** und auf der Autobahn ist Mautgebühr fällig. Auch die regelmäßige ärztliche Untersuchung auf Fahrtauglichkeit (zumindest ab einem bestimmten Alter) gilt es zu berücksichtigen.

Weitere Lkw dieses Schlages wären der ebenfalls **dreiachsige Ural aus russischer Produktion** oder der **vierachsige Tatra aus Tschechien.** Gemeinsam ist allen das sehr hohe Leergewicht von weit über 10 Tonnen, wodurch sie rund doppelt so viel auf die Waage bringen wie die auf 7,49 t ablastbaren, in den vorherigen Kapiteln beschriebenen mittelgroßen Lkw. Natürlich schlägt sich dies im Verbrauch nieder, der mit 35 l/100 km als untere Grenze gesehen werden muss. Dafür sind die mit rund 320 PS starken **Achtzylinder-Dieselmotoren** ausgestatteten Schwerlaster recht flott unterwegs und sollten im Gelände vor keine Probleme gestellt werden. Die Motoren entstammen interessanterweise dem luftgekühlten Deutz-Programm, da das Militär von vornherein unnötige Stör- und Fehlerquellen ausschließen möchte. Während ein von Granatsplittern zersiebter Kühler einen Lkw durchaus am Fortkommen hindert, entfällt hier diese Möglichkeit. Sollte die Anhängelast von 20 t doch einmal im schweren Gelände zu Problemen führen, hilft die serienmäßig **in der Hinterachse verbaute Differentialsperre** weiter. Probleme kann es dafür auf steilen, kurvigen Bergstraßen und den engen, winkligen Gässchen kleiner Dörfer geben, wo sehr leicht die aufgeschichtete Steinmauer der Straßenbegrenzung zu Fall gebracht werden kann.

Alle wichtigen Aggregate sind sicher verborgen hinter einer Panzerung gegen Tretminen, woraus sich das hohe Gewicht teilweise erklärt. Stehen auf der Negativseite vor allem die hohen Anschaffungs- und Unterhaltskosten, weist die Positivseite ein nahezu unkaputtbares Fahrzeug auf, vorausgesetzt, es erhält ein Minimum an Pflege und Wartung. Nur eine Minderheit der Weltenbummler dürfte sich ernsthaft für die Anschaffung eines solchen Monstrums entscheiden. Wer es dennoch wagt, weiß hoffentlich, was er macht! Ein weiterer Hinderungsgrund könnte im Fehlen der erforderlichen Fahrerlaubnis liegen.

031em Abb.: hs

▲ *MAN Kat 1, hier als 4x4*

007em Abb.: hs

Das Basisfahrzeug wird optimiert

Braucht mein Fahrzeug eine Winde?

Sie stehen jetzt also beim Fachhändler und betrachten sich martialisch aussehende Gefährte, vor allem solche, die mit einer **Bergungswinde** bestückt sind. Doch auch wenn sie sich für ein Exemplar ohne dieses Zubehör entscheiden, stellt sich irgendwann die Frage nach dem Sinn der **Nachrüstung.** Hier scheiden sich die Geister. Während für manche eine Bergungswinde einen unverzichtbaren Bestandteil des Expeditionsmobils darstellt, ist sie anderen lediglich unnötiger Ballast, den es, falls schon vorhanden, schleunigst abzubauen gilt. Hat man Probleme, das Expeditionsmobil z. B. auf die magische Grenze von 7,49 t abzulasten, wird allem voran die Winde geopfert.

Zunächst einmal bleibt klarzustellen, dass die Nachrüstung in großen Fahrzeugen zwischen einem Gesamtgewicht von 5–7,5 t recht schwierig

▼ Auf einer Piste in Turkmenistan

034em Abb.: hs

werden dürfte, da **elektrische Winden,** wie sie für Geländewagen angeboten werden, wohl nicht ausreichen dürften, zumindest dann nicht, wenn sie wirklich gebraucht werden. Diese Fabrikate eignen sich für alle leichteren Fahrzeuge wie Geländewagen bis allenfalls Unimogs vom Schlage eines 404, da allein schon das Stahlseil aufgrund des geringen Durchmessers höheren Belastungen nicht Stand halten dürfte.

Für **Vorbauwinden,** die vom Motor – also mechanisch – angetrieben werden, muss am Getriebe ein Nebenabtrieb vorgesehen sein, welcher über eine Kardanwelle die Winde antreibt. Diese Fabrikate ziehen in der Regel nur nach vorne, ein Umbau mit Zug auch nach rückwärts lässt sich kaum realisieren.

Hydraulisch angetriebene **Rahmenseilwinden,** wie sie z. B. in Magirus-Feuerwehrfahrzeugen zu finden sind, ziehen mit fünf Tonnen vorwärts, Zug nach hinten ist ebenfalls nicht vorgesehen. Die ansonsten weitgehend baugleichen Fahrzeuge des THWs wurden überwiegend mit Rahmenseilwinden ausgestattet, die über eine Umlenkrolle auch Zug nach hinten entwickeln konnten, und zwar nicht nur fünf, sondern aufgrund der Umlenkung, zehn Tonnen.

Feuerwehrfahrzeuge

Feuerwehrfahrzeuge lassen sich nicht durch eine Umlenkrolle für rückwärtigen Zug aus- bzw. umrüsten. Zur Aufwicklung des Zugseils werden nach Herstellerangaben mindestens 3 m freie Seillänge benötigt.

Doch wann und wo brauche ich eine Seilwinde? Ehrlich gesagt, recht selten, wenn überhaupt. Ist man mit mehreren Fahrzeugen unterwegs, stellt sich das Problem nicht. Alleinreisenden jedoch stellt sie einen gewissen psychologischen Beruhigungsfaktor dar, ähnlich wie ein gut gefüllter Reservetank. Denn hat man seinen 7,5-Tonner erst einmal gründlich im Schlamm versenkt, kann es sehr schwer werden, ihn auf sich allein gestellt wieder zu befreien.

Möglichkeiten der Selbstbergung

Früher oder später kommt wohl für jeden der Tag, an dem er sich festfährt. Nicht immer lassen sich kritische Situationen im Vorhinein erkennen und vermeiden. Der Feldweg, der doch eigentlich harmlos aussah, entpuppt sich als Schlammloch. Die Piste zeigt sich plötzlich von Flugsand zugedeckt. Beim Zurücksetzen lande ich im Graben. Die Furt ist tiefer als erwartet ...

Wie stark sollte das Stahlseil sein?

Auf dem Stahlseil findet sich ein Vermerk, z. B. „Konstruktion 8x19+1SE verzinkt, Bruchlast 180 kg/mm^2, Durchmesser 12 mm“. Dies würde rechnerisch eine Bruchlast von 20 t ergeben (12x12x180 kg). Dies genügt jedoch u. U. immer noch nicht, um einen rund 7 t schweren Lkw aus Schlamm oder Sand zu bergen. Entscheidend ist, wie tief sich das Fahrzeug eingegraben hat. Stahlseile sind völlig unflexibel und reißen bei starken kurzzeitigen Belastungen wie dem Anrucken eines Bergefahrzeugs. Eine mindestens fünffache Überlastsicherheit muss gegeben sein. Besser: Zwei elastische Bergegurte mit 20–30 t Bruchlast, dazu ein hochfester Schäkel, der die doppelte Belastung verträgt, da man die Bergegurte doppelt nehmen sollte.

Wohl demjenigen, der für diese Fälle eine **Winde** an Bord hat, die nicht nur nach vorn, sondern auch nach hinten Zug macht. Leider sind damit die wenigsten Fahrzeuge ausgerüstet und eine Nachrüstung ist zumeist nur mit unvertretbar hohem Kostenaufwand möglich. Glücklich, jedenfalls beruhigt, können sich diejenigen schätzen, deren Camper bereits mit einer Winde ausgerüstet ist. Hierzu zählen zumeist ehemalige Feuerwehr- oder THW-Fahrzeuge, die zur Trümmerbeseitigung sehr leistungsstarke Winden montiert bekamen. Bei Unimogs sowie Lkw aus Militärbeständen sind diese allerdings kaum zu finden.

Nun mag man einwenden, dass Unimogs so konzipiert sind, dass sie sich ohnehin nicht festfahren. Aber erstens ist jedes Fahrzeug nur so gut wie sein Fahrer und zweitens ist auch ein Unimog nicht vor dessen Leichtsinn geschützt. Vorbildlich zeigt sich in diesem Zusammenhang der IFA W 50, der nicht nur mit Winde für Zug in beiden Richtungen, sondern auch mit Allradantrieb sowie einzeln schaltbaren Differentialsperren an Vorder- und Hinterachse ausgerüstet ist. Bei manchen Fahrzeugen muss sogar die Winde ausgebaut werden, um die 7,5 t-Grenze einhalten zu können (Beispiel: IFA W 60). So bleibt, will man sich nicht noch weiter in den Schlamassel „reinreiten“, nur noch der Weg zurück.

Sollte Ihr favorisiertes Basisfahrzeug über keine Winde verfügen, bleibt die Frage, ob sich die **Nachrüstung mit einer vom Motor über eine Zapfwelle angetriebenen mechanischen Winde** eignet. Hierzu müssen zunächst eine Zapfwelle, dann die Winde, die Anbauplatte sowie stärkere Vorderachsfedern (Fall Unimog 404S) geordert werden. Ob dies sinnvoll ist, hängt vom Einsatzzweck des Fahrzeugs ab. Bleibt die Frage nach dem Anbau einer elektrischen Winde. Nur leichtere Camper oder Geländewagen bis zu einem Gewicht von ca. 3 t sind damit gut ausgerüstet. Ein bis zu den Achsen festsitzender Unimog dürfte schwerlich mit einer Winde, angetrieben von einem 5–6 PS starken Elektromotor, zu befreien sein.

Da natürlich auch bei der Bergeausrüstung die Kosten gering gehalten werden sollen, entfallen Lösungen, die mehr als 10 % des einzusetzenden Kapitalaufwandes für Bergematerial erfordern. Eine billigere und für die meisten Situationen vollständig ausreichende Möglichkeit wären kräftige **Greifzüge,** die gelegentlich aus Bundeswehr-Beständen angeboten werden und ca. 2 t senkrechten Hub entwickeln (bei einer Sicherheit von 100 %). Senkrechter Zug ist die einzig vergleichbare Größe in dem unentwirrbaren Angebot verschiedener Zugsysteme. Erforderlich ist ein Seildurchmesser von mindestens 10, besser 13 mm, will man ein Fahrzeug mit einem Gesamtgewicht von 7,5 t bergen.

Eine weitere Alternative stellt der mit einer Gegenkralle ausgestattete **Highlift** dar, welcher ohnehin an Bord sein sollte, will man schwieriges Terrain befahren. Er ist eine Art Universalbergegerät, das nicht nur zum Anheben des Wagens, sondern auch als Zugvorrichtung eingesetzt werden kann. Bei einer Hubkraft von 3 t sollte auch ein schweres Fahrzeug befreit werden können.

Weiterhin benötigt man eine **Umlenkrolle,** welche die Zugkraft verdoppelt, sowie einen **elastischen Bergegurt** als Baumanker. Da die Umlenkrolle die Zugkräfte verdoppelt, verdoppelt sich auch die Kraft, die auf das Seil wirkt. Um den gefürchteten Peitschenschlag beim Reißen zu vermeiden, sollten zwei schwere Wolldecken darüber gehängt werden.

Steht kein Baum als Ankerpunkt zur Verfügung, lässt sich ein Sand- oder Erdanker in den Boden drehen; zur Not muss das Reserverad eingegraben werden.

Ausrüstung zur Fahrzeugbergung

Eine einfache Variation von brauchbarem Bergematerial könnte so aussehen:

- ❑ *Spaten und Schaufeln zum Freilegen von Rädern und Achsen*
- ❑ *Wagenheber von mindestens 10 t Hubkraft und viel Hub, der auch schräg angesetzt hält*
- ❑ *zwei Bergegurte mit 20–30 t Bruchlast, ca. 20 m lang*
- ❑ *Schäkel mit doppelter Bruchlast, da die Gurte doppelt genommen werden sollten*
- ❑ *für Alleinfahrer zusätzlich einen Greifzug mit 3,2 t Zugvermögen*
- ❑ *vier bis sechs Sandbleche aus Stahl von je 1,5 m Länge*

Bei Fahrten in Sand und Schlamm werden weiterhin **Sandbleche** benötigt. Experten streiten über deren Zahl. Zwei genügen, um sich beim Festfahren zu befreien, will man aber längere versandete Passagen überqueren, werden sechs benötigt, wobei die beiden letzten immer wieder vorn angelegt werden.

Vermeiden lässt sich das Festfahren, wenn man rechtzeitig den Reifenluftdruck reduziert. Sinn der Übung ist, die Auflagefläche der Reifen zu vergrößern, dadurch den Bodendruck zu vermindern und das Einsanden zu verhindern. Schließlich stellt sich die Frage nach dem Einsatzzweck des Fahrzeugs. Wollen Sie steile Sanddünen bezwingen oder auf ebenen Pisten klarkommen? Bei letzterem, also „normalen" Bedingungen, genügt ein einfaches Zugwerkzeug allemal. Ich habe von vielen Reisenden gehört, dass sie ihre Winde noch nie benötigt hätten.

Winterbetrieb im Wohnmobil

Grundsätzlich lässt sich sagen, dass Wohnmobile nur mit großem Aufwand wirklich wintertauglich gemacht werden können. Kernproblem stellt die **Isolation** dar, die möglichst ohne Kältebrücken durchgeführt werden sollte. Dies ist bei Verwendung von ehemaligen Militär- oder THW-Kabinen kaum machbar, weil stabile Stahlgerüste dies verhindern. Auch die Einscheibenverglasung oder metallene Dachluken, die weiterverwendet werden sollen, stellen Hindernisse dar. Weiterhin finden sich viele Durchbrüche in den Wänden oder dem Fußboden, die alle abzudichten sind. **Außentanks für Trinkwasser** entfallen bei einer solchen Planung völlig. Auch der Abwassertank benötigt eine frostsichere Unterbringung im Innenraum.

▲ *Auf verschneiter Piste in Ostanatolien*

Anlässlich eines Winterurlaubs im Erzgebirge fror mir der Ablasshahn des Heißwasserboilers ein, wodurch die Pumpe nicht mehr förderte. Mit einer heiß gemachten Cola-Dose ließ er sich auftauen. Dies passierte trotz Verlegung des Tanks in den Innenraum. Um der Gefahr eingefrorener Tanks zu entgehen, hatte ich mich zu einem Außen- und einem Innentank von jeweils 100 l entschlossen, sodass ich auch im Winter (oder bei einem Kälteeinbruch) reisen kann. Weiterhin kommt im Winter ein zusätzlicher metallener Trinkwasserkanister von 20 l zum Einsatz, aus dem ich einen Nottropfen schöpfen kann, wenn die Pumpe einfrieren sollte.

Weiterhin stellt die **Wärmeversorgung** ein zentrales Problem dar. Bei vielen ehemaligen Militärfahrzeugen ist im Koffer bereits eine benzin- bzw. dieselelektrische Heizung eingebaut. Allerdings sind diese Heizungen auf den Wärmeverbrauch unisolierter Koffer ausgelegt, sodass die Heizleistung viel zu groß dimensioniert ist.

Auch bei Verwendung mehrerer Batterien mit Trennrelais erweist sich die Batteriekapazität häufig als nicht ausreichend, da auch das zugehörige Gebläse mit Strom versorgt werden muss. Dies gilt zumindest für den Fall, dass man längere Zeit (zwei bis drei Tage) ohne das Fahrzeug zu bewegen am gleichen Ort stehen möchte. Entscheidet man sich für eine Gasheizung, stellt sich die Frage nach dem mitzuführenden Gasvorrat. Zwei 11 kg-Flaschen stellen das Minimum dar. Auch dies geht, genau wie die Wassertanks, auf Kosten von Stauraum im Innenbereich. Außen besteht die Gefahr des Gelierens, d. h., das Gas wird dickflüssig und gelangt nicht mehr zur Heizung. Als ich in einen Schneesturm in der Osttürkei geriet gelierte das im Iran zuvor aufgefüllte Gas schon bei Temperaturen von ca. 5 °C minus. Wirkliche Abhilfe schaffen nur sehr teure, vollisolierte Leerkabinen, in die Fenster in Mehrscheibenausführung einzubauen sind. Für die hier besprochenen Low-Cost-Expeditionsmobile sind sie zu aufwendig.

Sollen verschneite Pässe befahren werden, genügen in weiten Bereichen **Militärreifen mit ordentlichem Profil** in Verbindung mit Allradantrieb plus Sperren. Für den Fall der Fälle sollten jedoch **Schneeketten** vorhanden sein – ein weiterer Punkt, der beim Wintereinsatz zu bedenken ist. Ebenfalls in der Osttürkei kam ich trotz Allradantrieb aufgrund großer Schneemengen nicht mehr weiter und sah mich zum Aufziehen der Ketten gezwungen. Dies verlief sehr mühsam, da ich versäumt hatte, die Prozedur zu Hause wenigstens einmal zu üben.

Aufziehen der Lkw-Ketten

Kette über den Reifen stülpen, auf der Innenseite verhaken und soweit wie möglich verzurren. Hierzu empfehlen sich Gummistrippen. Falls nicht vorhanden, kann man mit Gepäcknetzstrippen improvisieren. Ist die Kette befestigt, eine halbe Radumdrehung vor- bzw. zurückfahren und Kette vollständig verzurren. Nach einigen hundert Metern nachspannen. Will man nur zwei Ketten auflegen, empfiehlt sich beim Allrad-Lkw die Vorderachse, da sich dadurch die Lenkfähigkeit erhöht.

Die Reifenfrage

Welchen Reifen soll ich wählen? Diese Frage beschäftigt jeden, der auf Fernreise gehen möchte. Dazu sollte man überlegen, ob man sich vor allem auf Asphalt oder auf Schlamm, Sand und Geröllpassagen bewegen wird. Der Reifen trägt entscheidend zum Verhalten des Fahrzeugs sowohl auf der Straße als auch im Gelände bei und muss bei Konstruktion und Abstimmung des Expeditionsmobils in die Überlegungen mit einbezogen werden.

Jeder Reifen ist zunächst einmal ein Kompromiss. Einerseits geht es um Straßentauglichkeit, wozu Abrollkomfort, Rutschfestigkeit auf regennasser Straße, Geräuschentwicklung, sowie Abriebfestigkeit gehören. Andererseits erwartet man, dass die Reifen auf unbefestigten Untergründen Vortrieb vermitteln. Dies leisten spezielle Geländereifen, die sich in Spezialisten für Sandfahrten und solche für Matsch und Schlamm unterteilen.

▼ Für die aufgeweichten Straßen Sibiriens braucht man Reifen mit besonders griffigem Profil

037em Abb.: hs

036em Abb.: Hersteller

Conti MPT 80 Conti MPT 81 Dunlop SP PG 8 Conti E7 Rip Dunlop SP PG 70

▲ *Universal-Reifen wie die MPT-Reifen 80+81 von Conti oder der Dunlop SP PG 8 stellen in den meisten Fällen die richtige Wahl dar. Wer besondere Sandreifen benötigt, sollte zu Modellen wie dem Conti E7 Rip oder dem Dunlop SP PG 70 greifen*

Grundsätzlich gilt: Je geringer der Negativanteil des Profils, d.h. je feiner die Profilierung, desto günstiger die Eignung für feste, glatte Untergründe wie Asphalt. Je grober das Profil, desto höher die Griffigkeit in Matsch und Schlamm. Auch **Sandreifen** haben ein feines Profil, damit das Eingraben in weichen Dünen vermieden wird. Grobe Geländereifen sind hier völlig unangebracht, da sie sich schon nach kurzem Durchdrehen tief eingewühlt haben und ein mühsames Ausbuddeln des Fahrzeugs bedingen. Da Sandreifen jedoch reine Spezialisten sind, kommen sie – auch bei Fahrten durch die Sahara – als Standardbereifung nicht infrage. Schließlich bestehen nur etwa 15 % der Wüstengebiete aus reinen Sandflächen.

Außerdem: Winterzeit ist Reisezeit für den, der in die Sahara will. Und da geht es zunächst in Europa notgedrungen über verschneite und regennasse Straßen, für die profillose Sandreifen völlig ungeeignet sind.

Will man jedoch in Gebiete mit von Regenfällen aufgeweichten Pisten, z.B. nach Sibirien, stellt sich die Frage, wie griffig das Profil sein soll, um auch noch für die Straße geeignet zu sein. Da wäre zunächst das Ackerreifenprofil, wie es auf den Hinterrädern aller Traktoren zu finden ist. Vorteil: extreme Haftung auf wenig tragfähigen Untergründen; Nachteil: schneller Verschleiß, völlig inakzeptabler Abrollkomfort auf Asphalt.

Ein Kompromiss für alle Bereiche stellt einmal das **„MPT-Profil"** der für die Bundeswehr gefertigten Reifen verschiedener Hersteller dar. MPT (*Multi Purpose Tyre*) wurden und werden auf den Unimog-

Wie lässt sich ein alter Lkw auf Trab bringen?

Was vor dreißig bis vierzig Jahren auf deutschen Autobahnen als Höchstgeschwindigkeit völlig ausreichte, ist heute längst nicht mehr zeitgemäß. Viele Oldies sind mit 70–80 km/h an der obersten Grenze. Damit wird man zum Verkehrshindernis. Es ist schon sehr störend, immer der Erste in einer langen Schlange zu sein. Also denkt man darüber nach, das Vehikel schneller zu machen. Als einfachste und preiswerteste Methode lassen sich größere Räder montieren. Wechselt man z. B. von Reifengröße 8.25-20 auf 12.5-20, so vergrößert sich der Durchmesser um 4 Zoll. Dies bedeutet, dass sich die Reifenhöhe von 0,89 m auf 1,10 m vergrößert. Pro Radumdrehung verlängert sich der zurückgelegte Weg um rund 0,75 m oder 21 %. Theoretisch würde sich also die Endgeschwindigkeit von 72 km/h auf 87 km/h erhöhen. Dem ist allerdings in der Praxis nicht so, da der schwache Motor das Fahrzeug gegen den stärkeren Luftwiderstand allenfalls auf gut 80 km/h beschleunigen kann. Diese Maßnahme senkt jedoch die Drehzahl bei Höchstgeschwindigkeit deutlich ab, was an sich schon als Vorteil zu werten ist. Weiterhin wird die Bodenfreiheit des Fahrzeugs um rund 10 cm größer. Außerdem gestaltet sich das Fahren in weichem Sand deutlich besser, da die breiten Reifen weniger tief einsinken. Auch wird vermieden, dass die hintere Doppelbereifung erneut eine Spur ziehen muss, was den Bedarf an Motorleistung verringert.

Auf welche Reifengröße man wechselt, hängt z. T. vom persönlichen Geschmack wie auch vom Verwendungszweck des Fahrzeugs ab. Je größer die Reifen, desto besser dürf-

Fahrzeugen der Bundeswehr aufgezogen und lassen sich sehr preiswert bei verschiedenen Händlern erwerben. Überlagerte Reifen können meines Erachtens durchaus ohne großes Risiko auch auf

ten sich Dünenpassagen befahren lassen. Allerdings muss z. B. bei dem Aufzug von Reifen der Größe 14.5-20, was möglich wäre, auf die nötige Freiheit des Lenkeinschlags geachtet werden. Möglicherweise wird nun der Radius so groß, dass das Auto völlig unhandlich wird.

Leider gibt es so viele Vorteile jedoch selten ohne Nachteile. Einer liegt darin, dass die Gangsprünge nun entsprechend größer werden, sodass besonders am Berg sehr viel früher zurückgeschaltet werden muss. Dies ist an sich nicht gravierend, da das abgelastete Fahrzeug in der Regel nicht mit schwerem Anhänger bewegt wird. Dennoch ist bei langen Bergauf-Strecken rechtzeitig zurückzuschalten, um eine Überhitzung des Motors zu vermeiden. Es ist weiterhin zu bedenken, dass die Kippgefahr durch den höheren Schwerpunkt vergrößert wurde. Aus diesem Grund empfiehlt es sich, möglichst wenig Gewicht auf dem eventuell vorhandenen Dachgepäckträger zu platzieren.

Die TÜV-Abnahme ist in der Regel problemlos erhältlich, sofern für die Felgen ein Mustergutachten vorliegt. Weiterhin ist eine Tachoangleichung notwendig, die in der Regel ebenfalls ohne großen Aufwand durchgeführt werden kann.

Der vom TÜV zu bescheinigende Verlust an Tragfähigkeit der hinteren Achse dürfte beim Umbau zum Camper ebenfalls kaum ins Gewicht fallen.

Eine andere, weit aufwendigere Möglichkeit wäre der Wechsel des Getriebes, was wohl nur bei einem ohnehin zu wechselnden, da defekten Teil infrage kommen würde.

Auch der Umbau der Achsen wäre möglich, jedoch aus ökonomischen Gründen kaum sinnvoll.

Fernreisen eingesetzt werden. Allerdings kommt dies nur in Verbindung mit einer stabilen Stahlfelge infrage. Entscheidet man sich für Neureifen, kommt ein AT*(all terrain)*-Reifen in Betracht, der ebenfalls hervorragende Allroundeigenschaften aufweist.

Bleibt zu klären, ob **schlauch- oder schlauchlosen Reifen** der Vorzug zu geben ist. Nach meinen Erfahrungen bieten sich Schlauchreifen vor allem in Gebieten der ehemaligen Sowjetunion an, da hier die bei uns mittlerweile veraltete Technik der Sprengringfelgen in Verbindung mit eingezogenen Schläuchen noch üblich ist.

So konnte ich während einer Sibirienreise in Russland keine schlauchlosen Reifen erwerben. Bei Afrikafahrten andererseits wird argumentiert, dass Schlauchlosreifen bei Verletzungen durch Nägel oder Dornen nur wenig Luft verlieren (im Gegensatz zum Schlauchreifen, bei dem zumeist der Schlauch komplett platzt), beim Walken mit niedri-

▼ *Auf den Straßen von Westsibirien*

054em Abb.: hs

gem Luftdruck im Sand wird kein Schlauch zerstört und im Fall eines nicht reparablen Schadens kann immer noch ein im Staufach mitgeführter Schlauch in den Reifen eingezogen werden, womit das Rad zumindest Notlaufeigenschaften erhält.

Bei extremen Sporteinsätzen werden oft überdimensionierte Reifengrößen gewählt, die der doppelten bis dreifachen Achsbelastung gerecht würden. Der Grund liegt darin, dass bei einem Aufschlagen des Reifens durch schnelles Fahren im steinigen Gelände z.B. die Gefahr des Anritzens des Reifens am Felgenhorn verringert wird. Beim Expeditionsmobil müssen **Raddurchmesser und Reifengröße in einer sinnvollen Beziehung zum übrigen Fahrzeug** stehen, sollen nicht unnötig große, ungefederte Massen mitgeführt, die Beschleunigungswerte nicht dramatisch reduziert und die Fahrzeughöhe und damit Kippgefahr und Luftwiderstand nicht vergrößert werden. Empfehlenswert ist es, auf **Reifen mit möglichst hoher PR-Zahl** zu achten, da deren Tragfähigkeit und Unempfindlichkeit gegen Verletzungen der Seitenflanken erhöht ist. **PR (play rating)** gibt an, wie viel Lagen aus Stoff und/oder Stahl die Karkasse des Reifens aufweist und steht im direkten Verhältnis zu dessen Tragfähigkeit.

Lohnt sich die Verdieselung?

Angenommen, Sie planen den Erwerb eines alten 404 Unimogs oder Roburs, vielleicht sind Sie auch bereits stolzer Besitzer. Schwachpunkt der ansonsten allradgetriebenen geländegängigen Fahrzeuge sind die leistungs- und drehmomentschwachen sowie obendrein durstigen Benzinmotoren. Sie durch kräftige, sparsame Diesel zu ersetzen, sollte jedoch genau geplant und im Hinblick auf die entstehenden Kosten durchkalkuliert werden.

Lohnt sich der Aufwand?
Ein Rechenbeispiel:
Anschaffung des Dieselmotors in gutem Zustand bzw. generalüberholt 2500 €
Anlasser, Lichtmaschine 500 €
Teilekosten (Ölkühler, Kupplungsglocke, Kupplungsteile usw.) 1000 €
Einbaukosten 1000 €
Gesamtkosten Verdieselung 5000 €
Vielleicht werden Sie einwenden, dass meine Schätzpreise viel zu hoch gegriffen sind, ein Motor z. B. schon für unter 1000 € erhältlich sei, der Einbau in Eigenregie erfolgen kann usw., sodass mit lediglich 2000 € Verdieselungskosten zu rechnen sei. Wenn dem so ist, wobei Sie hoffentlich weder den Zustand des Motors noch Ihre handwerklichen Fähigkeiten überschätzt haben, nichts wie ran ans Werk!

Für den Unimog, auf den ich mich in den folgenden Ausführungen beschränken möchte, haben Gerald Dietrich und Michael Haas eine Anleitung mit dem Titel „Unimog 404 S Verdieselung" herausgebracht, in der alle Arbeitsschritte und die benötigten Teile genau beschrieben werden (siehe „Literaturtipps").

Auch der Robur ist prinzipiell zu verdieseln, die letzten Ausführungen enthielten bereits einen Motor von Magirus-Deutz. Bauanleitungen hierzu sind mir allerdings nicht bekannt.

Ein Teil meiner Einbauten in der Wohnkabine meines 404 S stammt aus einem missglückten Verdieselungsversuch. Nach dem Umbau, so erzählte mir der enttäuschte Besitzer, sei sein Fahrzeug aufgrund nicht behebbarer Motorvibrationen nicht mehr fahrtauglich gewesen. Das Problem dürfte in der nicht erfolgten Auswuchtung von Motor und Schwungscheibe gelegen haben. Ein anderer klagte über ein unerträglich lautes Motorengeräusch während der Fahrt. In der Tat dürften die Dämpfungsmöglichkeiten eher gering sein. Selbst bei den Versuchen, meinen Benziner schallzudämmen, blieb das Fahrgeräusch derart laut, dass eine Unterhaltung nicht möglich ist. Wie viel lauter muss erst ein Diesel sein?!?

Ein weiteres Problem scheint mir jedoch gravierender: Der am sinnvollsten einzubauende Motor aus der Limousine 300 D von Mercedes mit 3000 ccm Hubraum und 85 PS wurde für den Pkw entwickelt. Überlegungen zur Geländetauglichkeit dürften daher nicht stattgefunden haben. Was passiert aber bei steilen Anfahrten und Schrägfahrten mit der Ölversorgung des Motors? Es ist nicht davon auszugehen, dass diese in allen Geländefahrsituationen gegeben ist. Weiterhin hörte ich von zahlreichen Getriebeproblemen nach Motorumbauten. Das eingebaute Getriebe, natürlich ausgelegt für das Drehmoment von 170 Nm des Benziners, könnte unter dem stärkeren Drehmoment des Diesels leiden, d.h. zumindest teilweise überlastet werden. Bei langen Autobahnfahrten würde es sich zu sehr erwärmen, sodass Ausdehnungstoleranzen der Wellen usw. überschritten werden dürften. Man kann hier zwar durch Anpassung der Fahrweise oder zusätzliche Wärmeabführung mithilfe von Alurippen o.Ä. Abhilfe schaffen, doch stellt dies letztlich keine überzeugende Lösung dar.

▼ Quer durch die Sahara - hier wird die Geländetauglichkeit des Fahrzeugs hart geprüft

038em Abb.: hs

Eine Umrüstung des Fahrzeugs auf 12 V ist sicherlich zu begrüßen, auch wenn die wassergeschützte Lichtmaschine durch eine ungeschützte Drehstrommaschine ersetzt werden muss.

Die Höchstgeschwindigkeit von 95 km/h mit dem Benziner bei einer Nenndrehzahl von 4800 U/Min. dürfte der Diesel nicht erreichen. Seine Höchstleistung ist im Bereich von 4000 U/Min. angesiedelt, sodass die Höchstgeschwindigkeit bei vollem Ausdrehen des schnellsten Ganges bei 70–80 km/h liegen dürfte. Dies ist ein weiterer deutlicher Nachteil auf europäischen Straßen, der jedoch außerhalb kaum ins Gewicht fällt. Aus Sicherheitsgründen sollte ein Fahrzeug grundsätzlich in der Lage sein, im Strom des immer stärker werdenden Lkw-Verkehrs mitzuschwimmen.

Alternative Gasanlage

Vielleicht stellt der Einbau einer Gasanlage eine überlegenswerte Alternative zur Verdieselung eines Benziners dar. Sie kostet inklusive Einbau zwischen 2000 und 3000 € und dürfte sich nach einer Laufzeit zwischen 20.000 und 30.000 km rentiert haben. Dies hängt natürlich stark von der Benzin- und Gaspreisentwicklung sowie dem Reiseland ab. Folgende Formel eignet sich zur Berechnung der Amortisation:

Umrüstkosten x 100 : (Verbrauch/100 km x Literpreis - Gasverbrauch/100 km x Literpreis) = Fahrtstrecke bis Amortisation

Bleibt noch die Frage nach dem **Verbrauch:** Der Minimalverbrauch des Benziners liegt mit 25 l/100 km erschreckend hoch. Viele Interessierte an diesem technisch fantastischen Fahrzeug wenden sich aus diesem Grund ab. Der Verbrauch des Dieselmotors dürfte bei etwa 15–18 l/100 km liegen. Das macht eine realistische Verbrauchseinsparung von 10 l/100 km.

Wollen Sie Ihr Fahrzeug vorwiegend außerhalb Europas bewegen, ist mit Treibstoffpreisen von durchschnittlich 60 Cent weltweit zu rechnen. In Libyen und im Iran z. B. kostet ein Liter Treibstoff zwischen 2 und 5 Cent, in den Ländern der ehemaligen Sowjetunion zwischen 25 und 40 Cent.

Zehn Liter **Treibstoffersparnis** bedeuten also 6 €/100 km oder 6000 €/100.000 km, dies dürfte die absolut höchste Nutzungsdauer des Fahrzeugs sein. Bei etwa 80.000 km hätten sich daher die veranschlagten Umbaukosten von 5000 € amortisiert. Wie lange werden Sie Ihr Fahrzeug wohl bewegen müssen, bis 80.000 km erreicht sind? Rechnen wir mit 50 Reisetagen (Urlaub und Wochenendfahrten) pro Jahr bei durchschnittlichen 300 km Fahrtstrecke/Tag. Dies wären 15.000 Reisekilometer/Jahr. Nach etwas fünf bis sechs Jahren wäre die Strecke von 80.000 km gefahren, die Extra-Kosten für die Verdieselung wären getilgt und man könnte nun Geld sparen.

So viel zum rein wirtschaftlichen Standpunkt. Natürlich spielen auch Gesichtspunkte wie der Stolz auf die erbrachte Leistung, die Freude am Umbau usw. eine in schnöden Zahlen nicht zu erfassende Rolle. Doch wenn man bedenkt, dass für etwa 5000–6000 € bereits ein Unimog 416, also das mit einem 5900 ccm großen Dieselmotor ausgerüstete Nachfolgemodell angeboten wird, stellt sich der Sinn einer Verdieselung beim U 404 S vollends infrage. Mit dem U 416 erhält man ein vollständig durchkonstruiertes, kompromisslos auf Geländegängigkeit und Haltbarkeit konstruiertes Dieselfahrzeug mit dem Qualitätsanspruch von Daimler Benz.

Zusatztank, Reserveräder und Dachgepäckträger

Der Zusatztank

Weitere Ausstattungsmöglichkeiten eines Fernreisemobils liegen im Anbau eines Zusatztanks. Für einige Geländewagenmodelle gibt es maßgeschneiderte und entsprechend teure Lösungen zum

Unterbau, wobei die Geländeeigenschaften nicht beeinträchtigt werden sollen. Einfacher gestaltet sich der Anbau eines Tanks bei Lkw, wobei naturgemäß der Platz am Rahmen zunächst freigemacht werden muss. In aller Regel finden sich hier bereits Halterungen für das Ersatzrad, für Reservekanister, oder, wie bei meinem Magirus, die Kiste für die Zusatzheizung.

Zunächst stellt sich die Frage nach der **sinnvollen Größe** eines Zusatztanks. Je extremer die zu bereisende Weltregion hinsichtlich fehlender **Versorgungsmöglichkeiten** ist, desto stärker muss für ausreichenden Treibstoffvorrat gesorgt werden. Wüstendurchquerungen in Verbindung mit verbrauchsfördernden Geländepassagen erfordern ebenso das Mitführen größerer Treibstoffmengen wie einsame Schotterpisten in der Taiga und Tundra oder weite Steppenregionen. Je schwieriger das Terrain, desto schneller schießen die **Verbrauchswerte** nach oben. Während ein Lkw auf Asphalt zwischen 20 und 25 l / 100 km verbraucht, führt das Wühlen in Sand und Schlamm oder das Ausdrehen kleiner Gänge bei extremen Steigungen schnell zu einer Verdopplung.

Dennoch sollte die Tankkapazität nicht unnötig vergrößert werden. Es gilt, einen sinnvollen Kompromiss zwischen dem zu erwartenden Verbrauch (resultierend aus dem Einsatzort) auf der einen Seite und einer Sicherheitsreserve auf der anderen Seite zu schließen, bei der Fahrzeuggewicht und Fahrsicherheit berücksichtigt werden. Je größer das **Tankvolumen,** desto stärker wird das Fahrzeug einseitig belastet. Bei einem Inhalt von 600 l auf einer Seite können sich bereits deutliche Sicherheitsrisiken ergeben. Außerdem sorgt das Zusatzgewicht naturgemäß für einen spürbaren Mehrverbrauch. Weiterhin kann die Geländefähigkeit durch einen weit herunterreichenden Tank beeinträchtigt wer-

039em Abb.: hs

Großer Dachträger auf dem Magirus-Wohnmobil

den. Nach meinen Erfahrungen sollten insgesamt etwa 400 l bei einem mittelgroßen, abgelasteten Lkw völlig ausreichen, um 99 % aller Entfernungen bis zur nächsten Zapfsäule zu bewältigen. Verfügt das Fahrzeug ursprünglich über einen 150 l-Tank, so lässt sich auf die andere Seite ein 200–300 l großer Zusatztank anbauen. Dies sollte in aller Regel möglich sein. Über einen Umschalthahn lassen sich beide getrennt und je nach Bedarf entleeren.

Die **TÜV-Abnahme** gestaltet sich in aller Regel problemlos, vorausgesetzt, man verwendet einen neuen oder gebrauchten Fahrzeugtank. Irgendwelche Plastiktanks sind natürlich nicht eintragungsfähig.

Schwere Lasten wie Reserveräder und Treibstoffkanister befestigt man am besten an der Rückwand

040em Abb.: hs

Das Reserverad

Doch wohin nun mit dem Reserverad, das seinen Platz für den Tankanbau räumen musste? Am besten an die Rückwand des Wohnkoffers, falls diese nicht anderweitig genutzt oder als Haupteingang vorgesehen ist. Es wird eine starke Befestigungskonstruktion erforderlich, die dem Gewicht der schweren Räder Rechnung trägt. **Zwei Ersatzräder** sollten es schon sein, denn extreme Reisegebiete erfordern natürlich auch Vorsorge hinsichtlich zu erwartender Reifenpannen. Für Alleinreisende sollte auf jeden Fall auch eine **Hebevorrichtung** eingeplant werden, um das Reifengewicht bewältigen zu können.

Der Dachgepäckträger

Auch beim großen Fernreisefahrzeug stellt sich früher oder später die Frage: Wohin mit all den Sachen, die man im Wohnbereich nicht unterbringen möchte oder kann? Was läge näher, als diese aufs Dach zu packen? Um es klar zu sagen: Schwere Gegenstände haben jedoch auf dem Dach nichts zu suchen!

Zunächst leidet darunter die Fahrstabilität – nicht nur auf schlechten Wegstrecken, sondern auch in Kurven. Das Fahrzeug bricht nun bei Geschwindigkeiten, die es ohne zusätzliche Dachbeladung mühelos meisterte, aus oder droht zu kippen. Im schweren Gelände, vor allem auf Rüttelstrecken, neigen die Befestigungsteile dazu, sich zu lösen bzw. zu brechen. Eine ständige Kontrolle erscheint somit unumgänglich.

Aus eigener Erfahrung anlässlich meiner ersten Russlandreise kann ich berichten, dass meine Dachkiste aus verzinktem Blech mehrmals an ihren Befestigungspunkten brach, bis eine Werkstatt in Alma Ata sich dem Problem annahm und die Kiste sehr sicher mit verstrebten Winkeleisen befestigte. In der Folge brach dann die Stange der Reling aus ihrer Halterung.

Doch welche **Gegenstände** gehören auf den Dachgepäckträger? Vor allem solche, die sowohl sperrig als auch leicht genug sind, um einerseits im Innenraum zu viel Platz zu beanspruchen als auch die Fahreigenschaften nicht nachteilig zu beeinflussen. Ein Kanu oder Schlauchboot wäre ein solcher Gegenstand, um nur ein Beispiel zu nennen. Ersatzräder gehören unter das Auto oder an die Rückwand. Im letzteren Fall müssen für sie spezielle Träger entworfen werden, falls die originale Befestigung bzw. deren Raum zum Beispiel unter dem Fahrzeug anderweitig genutzt wurde. Mitunter sind die Ersatzräder (zumeist werden zwei mitgeführt) ohnehin derart schwer, dass sie von einer Person nicht mehr zu heben sind. Dann wird ein Windenaufzug zur Montage am Heck benötigt. Dies ist je nach Radgröße und Gewicht mit erheblichem Aufwand verbunden. Bei erfolgter Einzelbereifung auf eine Größe von 14.5 R 20 kann ein solches Rad fast zwei Zentner wiegen. Zwei Räder dieser Größe, würde man sie auf dem Dachgepäckträger platzieren, dürften das Fahrverhalten bereits spürbar negativ beeinflussen. Ähnliches gilt für schwere Ausrüstungsgegenstände wie Bergematerialien oder gar Treibstoffkanister.

Will man viele Kleinteile sicher unterbringen, eignen sich hierzu staubdicht schließende Alukisten, die allerdings sehr teuer in der Anschaffung sind. Billiger lassen sich aus Bundeswehr-Beständen angebotene Behälter aus dem gleichen Material erwerben, die ehemals als Aufbewahrungskisten für Kabel oder medizinische Ausrüstung dienten.

Welche Ersatzteile für die große Reise?

Sie wollen also mit Ihrem dreißig bis vierzig Jahre alten Oldtimer auf die große Tour? Sicher ist Ihnen bewusst, dass Ihr Fahrzeug in jedem Land – selbst in Deutschland – nun ein Exot ist, dass **Ersatzteile nur bei ganz wenigen Händlern** zu haben sind. Vielleicht besteht die Herstellerfirma längst nicht mehr (Hanomag) oder ist übernommen worden (Magirus-Deutz). Im Fall Daimler sollte die Ersatzteilversorgung weltweit gesichert sein, wenn auch zu horrenden Preisen. Vielleicht konnten Sie ein Werkstatthandbuch oder noch aktuelle Teilelisten beschaffen, sodass auch vom Ausland aus bestellt werden kann. Gut wäre es, das Fahrzeug bei einem

Händler gekauft zu haben, der **weltweiten Ersatzteilversand** garantiert. Damit, so dieser sein Versprechen hält, sollten Sie in jedem Fall auf der sicheren Seite sein.

Doch **mit welchen Problemen ist zu rechnen,** welche Teile geben erfahrungsgemäß zuerst ihren Geist auf, welche sind nur unter größten Schwierigkeiten zu ersetzen?

Natürlich haben Sie längst alle verschlissenen Brems-, Diesel-, Druckluftleitungen sowie Wasserschläuche ersetzt, sämtliche Filter erneuert bzw. gereinigt, neue Reifen aufgezogen sowie Motor-, Getriebe- und Achsöle gewechselt. Alle Schmiernippel wurden gereinigt und das komplette Fahrzeug abgeschmiert. Gefährdet sind weiterhin Haupt- und Radbremszylinder sowie die Simmerringe der Motor-, Getriebe- und Achsabdichtungen. Im Laufe der Jahre wurden deren Gummiteile spröde, sodass mit Ölverlusten nach großen Belastungen zu rechnen ist.

▼ *Ein uralter Mercedes als Expeditionsmobil*

041em Abb.: hs

Als **wichtigste Ersatzteile** gehören ins Reisegepäck:

- ❏ Benzin- und Wasserpumpe
- ❏ Einspritzanlage oder Vergaser
- ❏ Kleinteile wie Ersatzglühkerzen bzw. Zündkerzen
- ❏ Kontakte, Kabel und Verteilerdeckel
- ❏ Kohlen für Lichtmaschine und Anlasser (nach 100.000 km Laufleistung)
- ❏ einige Liter Motoröl zum Nachfüllen
- ❏ mindestens 1 l Getriebeöl (Sahara)
- ❏ metallische Knetmasse für Löcher in Kühler und Getriebe
- ❏ Dichtband und Schellen für Wasserschläuche
- ❏ Dichtmasse für Reparaturen
- ❏ Kupferdichtringe aller Größen
- ❏ Material zur Auspuffreparatur
- ❏ Glühlampen und Sicherungen
- ❏ Kabelbinder, Lüsterklemmen und Kabel in verschiedenen Stärken
- ❏ bei erhöhter Steinschlaggefahr: Scheinwerferglas und Windschutzscheibenhälfte (bei geteilter Scheibe)
- ❏ Paketklebeband, mit dem eine Menge Reparaturen möglich werden
- ❏ Wühlschublade mit Kleinteilen an Schrauben, Federn, Klemmen u. Ä.

Natürlich kann bei einem mechanischen Gerät jedes Teil grundsätzlich kaputtgehen. Alte Fahrzeuge sind gegenüber neuen zusätzlich durch Materialermüdung gefährdet. Bestimmt fällt unterwegs gerade das Bauteil aus, das man nicht dabei hat. Doch erfahrungsgemäß finden sich gerade in Russland und wohl allen Entwicklungsländern hochtalentierte Improvisationskünstler, die auch in aussichtslos erscheinenden Fällen weiterhelfen können. Leider sind auch sie nicht in der Lage, bei computergesteuerten Motoren zu helfen. Wenn diese ausfallen, hilft wohl nur, den Techniker mit Laptop einfliegen zu lassen.

Einige rechtliche Bestimmungen

In vielen Fällen, in denen Sie Änderungen an Ihrem Fahrzeug vornehmen, müssen diese vom TÜV abgesegnet sein. Nach **§ 19 Abs. 2 der Straßenverkehrs-Zulassungsordnung (StVZO)** bleibt eine **Betriebserlaubnis** wirksam, solange nicht bestimmte Teile des Fahrzeugs verändert werden. Es handelt sich dabei um Teile, deren Beschaffenheit durch die Vorschriften der StVZO konkret festgelegt sind oder andere, deren Betrieb eine Gefährdung anderer Verkehrsteilnehmer verursachen kann. Zu ihnen gehören solche, die beim Versagen die Verkehrssicherheit des Fahrzeugs infrage stellen und zu einer unmittelbaren Gefahr für die Sicherheit anderer Verkehrsteilnehmer werden können wie zum Beispiel Bremsen, Lenkung, Beleuchtung, Getriebe und Fahrwerk.

Verändern bedeutet in diesem Zusammenhang:

- im engeren Sinne die Umgestaltung von Fahrzeugteilen,
- der Austausch mit Teilen, die nicht zur typmäßigen Ausrüstung gehören,
- das Hinzufügen oder Entfernen, wenn letzteres ein wesentlicher Bestandteil ist.

Nach jeder Änderung im Sinn des § 19 hat der Verfügungsberechtigte eine **erneute Betriebserlaubnis** unter Beifügung des Gutachtens eines amtlich anerkannten Sachverständigen für den Kraftfahrzeugverkehr über den vorschriftsmäßigen Zustand des Fahrzeugs zu beantragen.

Für den Selbstausbauer ist dies von Bedeutung, wenn der vorhandene Nutzfahrzeugaufbau entfernt und ein Wohnwagenaufbau an seine Stelle gesetzt wurde. Auch wenn der vorhandene Kastenaufbau zu Wohnzwecken umgestaltet wurde, wird nun die **Betriebserlaubnis für ein „Sonstiges Kraftfahrzeug Wohnmobil"** angestrebt.

Die Mindestanforderungen hierzu lauten:

- ein Wohnteil, der dazu geeignet ist, einer oder mehreren Personen eine geeignete Unterkunft zu ermöglichen,
- feste Montage von Tisch, Schrank, Sitzgelegenheit, Kochstelle,
- Wohnteil muss den überwiegenden Teil des Fahrzeugs einnehmen,
- Mindestmaß an Rutschsicherheit des Bodenbelags,
- Mindestanforderungen an Sitze,
- sind Fahrerhaus und Wohnbereich verbunden, genügt ein Fenster in der Rückwand oder seitlich im Wohnbereich.

Beispiele für **An- oder Einbauten,** die nach § 19 Abs. 2 geprüft und in den Fahrzeugbrief eingetragen werden müssen:

- ❑ Hubdächer, Klappdächer, Hochdächer
- ❑ Glaskippdächer, Glasdachhauben
- ❑ Ersatzräder mit Halterung am Fahrzeugäußeren
- ❑ Zusatzheizungen (Ausnahme: Verwendung von Motorkühlwasser)
- ❑ nicht serienmäßiges Lenkrad
- ❑ Änderungen an den Bremsanlagen
- ❑ Motor anderer Bauart oder Leistung
- ❑ Kotflügelverbreiterungen
- ❑ Flüssiggasanlage, Gastanks
- ❑ nicht serienmäßige Räder
- ❑ Umrüstung auf Reifen, die nicht in den Fahrzeugpapieren eingetragen sind

- ❏ aerodynamisch wirksame Front- und Heckverkleidungen
- ❏ Eingriffe in lichttechnische Einrichtungen
- ❏ Verlängerung oder Verkürzung des Rahmens
- ❏ nicht serienmäßige Schalldämpfer
- ❏ Anhängerkupplung
- ❏ zusätzliche Fenster

Die Liste stellt nur Beispiele dar und ist keineswegs vollständig. Wenn Sie also an Ihrem Fahrzeug werkeln, sollten Sie engen Kontakt mit Ihrer TÜV-Prüfstelle halten, um später bei der Abnahme keine unliebsamen Überraschungen zu erleben.

006em Abb.: hs

Ein Wohnmobil
entsteht

Ausbaukonzepte

Wohin sollen Küche, Dusche, Bett und Wohnraum? Sie stehen vor dem großen leeren Koffer, der einmal Ihr Zuhause werden soll und müssen mit der **Planung des Innenlebens** beginnen. Zunächst gilt es zu überlegen, welche der evtl. bereits vorhandenen Fenster weiterhin genutzt werden können. Sollten diese, wie z. B. bei dem schon angesprochenen Funkkoffer, noch in gutem Zustand sein, wäre es schade, diese zu entfernen und durch teure Integralfenster, z. B. der Marke Seitz, zu ersetzen. Diese haben zwar unbestreitbare Vorteile wie Wärmedämmung durch Doppelverglasung (aus Plastik natürlich) sowie Fliegengaze in Verbindung mit dem Verdunklungsrollo. Letzteres findet sich i. d. R. auch in den meisten THW- bzw. Militärkoffern, doch muss man sich gegen die lästigen Moskitos selbst etwas ausdenken. Die Anordnung der Fenster entscheidet jetzt u. U. über die Aufteilung des Wohnraums. Natürlich sollten die Sitzmöbel dort platziert werden, wo sich die größten Fensterflächen befinden. Im Funkkoffer sind sie in den Hecktüren sowie im hinteren Teil der Seitenwände zu finden, wo-

▼ *Mögliche Innenraumgestaltung eines Wohnkoffers*

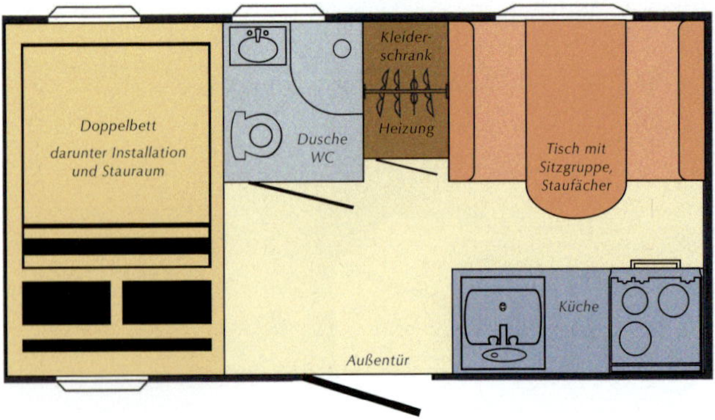

801em Abb.: am

durch sich fast automatisch der kombinierbare Wohn- und Schlafbereich dort ergeben dürfte.

Falls Sie jedoch einen **geschlossenen Kasten** besitzen ohne Klappen, Türen und Fenster, sind Sie in der Grundrissgestaltung völlig frei. Dies ist dann der Fall, wenn Sie Fahrzeug und Koffer getrennt erworben haben. Vielleicht verfügen Sie über einen vollständig isolierten Container, der beste Wohnbedingungen auch im Winter und während schwülheißer Sommernächte bietet.

045em Abb.: hs

▲ *Eigens angefertigtes Aufstelldach zur Gewinnung von Stehhöhe*

Ein weiterer wichtiger Aspekt ist die **Platzierung des Einstiegs.** Soll die Tür auf die rechte Seite, wo bei den o. g. Koffern zumeist ohnehin schon eine vorhanden ist, oder soll durch die Hecktür eingestiegen werden? Der Seiteneinstieg bietet den Vorteil, dass die Rückwand zur Montage von Reserveradhalterung und/oder Fahrrad- bzw. Motorradträger, Reservekanister, Leiter usw. genutzt werden kann. Von daher ist diese Fläche zu schade, um hier den Einstieg vorzusehen.

Angenommen, Ihr Koffer hat eine Länge von 4,50 m, eine Breite von 2,20 m und dazu Stehhöhe, so ergibt sich die **„klassische Variante“** wie folgt:

- Das hintere Drittel wird in der Höhe halbiert. Die obere Hälfte nimmt das breite Doppelbett ein.
- Unterhalb des Bettes befinden sich Warm- und Kaltwasseranlage mit Wasserbehälter, die Elektroinstallation sowie Gasanlage und alle weiteren technischen Einrichtungen. Der noch übrige Platz wird als Stauraum genutzt.
- An der linken Fahrzeugseite folgen Wasch- bzw. Duschraum und Kleiderschrank.
- Vorne links kann die Sitzgruppe entstehen, eventuell mit der Möglichkeit, weitere Schlafplätze mit ihr zu kombinieren.

- In der Fahrzeugmitte vorne könnte der Durchstieg zum Fahrerhaus entstehen.
- Vorne rechts, gegenüber der Sitzgruppe wird die Bordküche vorgesehen.
- Es folgt der Einstieg. Falls noch Platz zum Schlafraum vorhanden sein sollte, lässt sich ein weiterer Schrank realisieren.

Eine völlig andere Variante wäre die **Platzierung der Dusche zwischen Einstieg und Wohnraum;** d. h., sie würde als Luftschleuse beim Ein- und Aussteigen dienen. Interessant für all jene, die ihr Fahrzeug vor allem in kalten Regionen oder Jahreszeiten nutzen möchten. Der allzu schnelle Austausch von Warm- und Kaltluft ließe sich so verhindern. Auch die nasse Kleidung, schmutzige Stiefel etc. könnten in der erfahrungsgemäß wenig genutzten Duschkabine untergebracht werden. Dies würde eine häufig unumgängliche Verschmutzung des Innenraums verhindern. Der Umstand jedoch, ständig durch zwei Türen kriechen zu müssen, ist sicher nicht jedermanns Sache. Aber eine Überlegung sollte dieses Konzept schon wert sein.

In einem kleinen Koffer, aber auch, wenn viel Raum für Schränke benötigt wird, falls man Bett, Küche und Dusche fast in Haushaltsgröße verwirklichen möchte, ergibt sich die Frage, ob man **Wohn- und Schlafbereich zu einer Einheit** kombinieren sollte. Dies war und ist bei Wohnmobilen von der Größe eines VW-Busses immer so gewesen. Doch auch im großen Wohnkoffer wird auf diese Weise viel Platz für andere Zwecke gewonnen. Natürlich ist der ständige Umbau von Nachtlager zur Sitzgruppe lästig, doch in kleinen Koffern führt kein Weg daran vorbei. Nur so lässt sich auch im nur drei Meter langen Funkkoffer ausreichend Raum für Toilette und Waschgelegenheit schaffen und der nötige Stauraum realisieren.

Stehhöhe

Nichts stört das Wohlbefinden im Wohnbereich mehr, als den Kopf einziehen und den Rücken bücken zu müssen. Sei es beim Kochen, beim Duschen, bei jeder Beschäftigung, die normalerweise im Stehen ausgeübt wird. Bei großen Wohnkoffern sollte man vor dem Kauf unbedingt testen, ob die **Stehhöhe als ausreichend empfunden** wird. Häufig beschränkt sie sich bei ehemaligen Militär- und THW-Fahrzeugen auf 1,80 m, womit mittelgroße Personen zurechtkommen dürften. Für größer gewachsene wird jedoch eine **Erhöhung des Wohnbereichs** unumgänglich. Auch die kleinen Funkkoffer auf den Unimog 404-Fahrgestellen mit einer Höhe von lediglich 1,50 m sind für Wohnzwecke so eigentlich nicht zu gebrauchen.

Bei letztgenannten lassen sich relativ einfach zwei Lösungen vorschlagen:

- Man montiert ein **Aufstelldach eines ausrangierten VW-Busses,** meist hergestellt von der Firma Westfalia. Notwendig wird das Aufschneiden der Dachlücke sowie das Befestigen der vorderen Tragarme an der entsprechenden Stelle. Dies ließ sich bei dem von mir realisierten Fahrzeug relativ problemlos bewältigen. Auch die hintere Befestigung an je drei Schrauben stellte kein Problem dar. Lediglich der vordere Dachabschluss bereitete einige Schwierigkeiten, da hier die Westfalia-Teile nur modifiziert eingesetzt werden konnten. Falls man diese jedoch nicht verwenden möchte, lässt sich auch ein Abschluss aus Blechteilen mit etwas Geschick herstellen.

▼ *Unimog 404 mit kleinem Hubdach*

046em Abb.: hs

Das Wohnmobil entsteht

042em Abb.: hs

▲ *Stellplatz in der Natur Westsibiriens*

- Eine weitere Möglichkeit wäre der **Aufsatz eines GFK-Hochdachs,** ebenfalls von einem alten VW-Bus abmontiert.

Wenn man will, lassen sich beide Lösungen auch, wie früher im VW-Bus, als Schlafgelegenheiten für weitere Mitreisende ausbauen. Beide Varianten bieten zwar nur in Koffermitte volle Stehhöhe, doch werden die Seitenflächen ohnehin mit Küchen- und Wohnmöbeln verbraucht. Die **Lösung mit festem Dach** lässt sich wärmeisolieren, doch erhöht sich der Luftwiderstand beim Fahren. Auch die Lüftungsmöglichkeiten an stickigen, schwülen Nächten sind geringer. Dafür lässt sich der Dachbereich jedoch als Gepäckträger weiterhin nutzen. Mein **Klapp-**

dach ließ sich nicht mehr öffnen, nachdem ich es mit zwei Kisten beladen hatten. Der Grund lag in dem durch den langen Hebelweg (vom hinteren Anschlagpunkt des Daches bis zum Aufstellmechanismus) erforderlichen hohen Kraftaufwand, den ich zunächst nicht berücksichtigt hatte.

Diese beiden Lösungen bieten sich an, will man die kleinen Funkkoffer ausbauen. Auch für größere Wohnkoffer können sie Verwendung finden.

Will man sich jedoch nicht mit vorgefertigten Dächern behelfen, bleibt noch die Koffererhöhung durch **Auftrennen der Dachkonstruktion und Einfügung von Blechen,** was naturgemäß recht aufwendig bewerkstelligt werden muss. Hier sind individuelle Planungen gefragt, die vom benötigten Platzbedarf, der Körpergröße der Mitreisenden usw. abhängen. Auf Treffen der Weltenbummler lassen sich überaus kreative Konstruktionen von Wohnkoffern bewundern, wodurch kaum ein Fahrzeug dem anderen gleicht. Auch die unveränderte Form des ehemaligen THW- oder anderer Aufsätze ist oft nicht mehr erkennbar. Gute Kenntnisse der Schweißtechnik und eine entsprechende Ausrüstung sind jedoch unerlässlich. Dafür lässt sich das Dach aber auf den individuellen Bedarf zuschneiden. Weiterhin kann es als Gepäckträger genutzt werden, falls die nötige Stabilität vorhanden ist.

Die Fahrerhausgestaltung

Hat man ein Serienbasisfahrzeug erworben, ist davon auszugehen, dass die Anforderungen an Fahrerhaus und Fahrerplatz gemäß den **Richtlinien der StVZO** erfüllt sind. Allerdings weisen die alten Militärlaster eine zumeist völlig unzureichende Komfortausstattung für lange Fahrzeiten auf Pisten oder sonstigen schlechten Wegstrecken auf. Hier ist

Mindestanforderungen an die Sitze

- *Breite des Betätigungsraums in Ellbogenhöhe 600 mm*
- *nur Einzelsitze zulässig*
- *Verstellmöglichkeiten in Vertikal- und Längsrichtung*
- *Sitzfläche 400 mm (Tiefe) x 450 mm (Breite)*
- *ausreichende Federung, Polsterung und Dämpfung*
- *Rückenlehnenvorwölbung etwa 150 mm über der Sitzfläche*
- *Rückenlehnenverstellung um mindestens 10 Grad stufenlos oder in Stufen von höchstens 4 Grad*
- *Abstand Sitzfläche - Dach mindestens 920 mm*
- *sichere Führung des Fahrzeugs auch bei Verwendung von Rückhaltesystemen*
- *sicherer Halt der Sitze, Lehnen und Befestigungen bei allen auftretenden Beanspruchungen*

dringend Abhilfe nötig, soll die geplante Extremtour nicht zu einem Martyrium werden.

Grundsätzlich müssen Fahrerhaus und Betätigungsraum, also der Raum, den der Fahrer zur Lenkung und bequemen Betätigen der übrigen Einrichtungen benötigt, so gestaltet und ausgerüstet sein, dass die für das Führen des Fahrzeugs aufzuwendende Arbeit möglichst gering ist und eine vorzeitige Ermüdung vermieden wird. Die Verletzungsgefahr bei Unfällen ist zu minimieren und Knautschzonen sind möglichst außerhalb vorzusehen. Vorstehende Teile wie Haltegriffe und Ähnliches müssen elastisch sein und alle Kanten, Spitzen und Vorsprünge sind zu vermeiden.

Sicher ist man gut beraten, an der Investition für das Sitzgestühl nicht zu sparen. Sollte es das vorhandene Budget zulassen, würde ich dringend, allein schon aus gesundheitlichen Gründen, den **Einbau von Schwingsitzen** empfehlen. Drehbare Konsolen eignen sich nur für Wohnmobile, deren

Fahrerhaus in den Wohnbereich einbezogen werden soll. In diesem Fall kommen Eigenbau- und Bastellösungen bei der Drehkonsole jedoch nicht in Betracht.

Auch wenn dies bei alten Lkw meist nicht erforderlich ist, sollten dennoch **Sicherheitsgurte** (in Verbindung mit Nackenstützen) eingebaut werden. Problematisch kann sich die Wahl der Verankerungspunkte erweisen, da diese nicht vorgesehen sind und nachträglich angebracht werden müssen. Unter Umständen sollte man hier die Hilfe des Technischen Dienstes der nächstgelegenen TÜV-Stelle in Anspruch nehmen.

Als weiteres gravierendes Problem stellt sich die **Schallisolierung** des Fahrerhauses dar. Im Originalzustand erweist sie sich zumeist als völlig unzureichend. Hierzu stellt die Führerhausrichtlinie fest: „Die auf den Fahrzeugführer einwirkenden Geräusche und mechanischen Schwingungen im Führerhaus dürfen das nach dem jeweiligen Stand der Technik unvermeidbare Maß nicht überschreiten."

Man beginne zunächst mit der völligen Auskleidung des Motorraums mit **Matten aus Dämmschaum,** wie sie im Zubehörhandel angeboten werden. Diese sind zwar recht teuer, lassen sich jedoch einfach verarbeiten und genügen den Sicherheitsanforderungen hinsichtlich Entflammbarkeit etc. Sodann sollte der Innenraum soweit möglich mit dem gleichen Material isoliert werden. Wichtig ist, dass sich möglichst keine Schallbrücken bilden, da sonst der gewünschte Effekt nicht zum Tragen kommt. Etwas billiger lässt sich mit Antidröhnplatten, Schaumstoff- und Polstermatten oder Teppichboden arbeiten.

Stauräume, Kästen, Fächer und Taschen nehmen im Führerhaus all die Dinge auf, die während der Fahrt griffbereit sein sollen. Falls kein Durchstieg in den Wohnkoffer vorgesehen ist, sollte über die Installation einer **Kühlbox** für kalte Getränke nachgedacht werden. Ein fester Platz für das Kartenmaterial, Reiseführer und Sonnenbrille vermindert den Fahrstress. Will man die **Zusatzbatterien** ebenfalls im Fahrerhaus unterbringen, muss für ausreichende Belüftung gesorgt werden. Batterien dürfen grundsätzlich nur so eingebaut werden, dass ein Kurzschluss durch unbeabsichtigten Kontakt sicher vermieden wird.

Häufig werden im und am **Armaturenbrett** zusätzliche Ausrüstungsgegenstände wie Kontroll- und Überwachungseinrichtungen, Radio oder Funkgeräte eingebaut. Da es sich im Aufprallbereich bei Unfällen befindet, sind hier die Grundsätze der Fahrzeugsicherheit besonders zu berücksichtigen. Alle Behältnisse sollten möglichst aus weichen, verformbaren, bruch- und splittersicheren Materialien bestehen.

Wie notwendig ist der Durchstieg ins Fahrerhaus?

Die Hersteller kommerziell aufgebauter Wohnmobile beziehen das Fahrerhaus fast ausnahmslos in den Wohnbereich mit ein. Eine Trennung, wie sie z.B. bei gewerblich genutzten Kleintransportern aus Sicherheitsgründen üblich ist, unterbleibt. Baut man ein solches Fahrzeug aus, wird durch Entfernen der Trennwand der Fahrbereich vom Wohnraum aus zugänglich. Dadurch gewinnt das Fahrzeug nicht nur optisch an Größe, sondern es verbessern sich auch die **Nutzungsmöglichkeiten.** Zunächst lässt sich eine **größere Personenanzahl** als für einen Kleintransporter eintragen. Voraussetzung hierfür ist neben geeigneten Sitzgelegenheiten (bei querstehenden Sitzen/Bänken Sicherheitsgurte) auch die Kommunikation mit dem Fahrzeug-

◀ *Durchstieg ins Fahrhaus*

führer. Manche Kleinmobile vom Schlag eines VW-Busses bieten die Möglichkeit, den Beifahrersitz zu drehen, wodurch auch bei stehendem Wagen der Sitzplatzbereich vergrößert wird. Selbst wenn das Wohnmobil auch in Zukunft nur von zwei Personen genutzt werden soll, kann während der Fahrt der Wohnbereich betreten werden, um Getränke, Karten usw. zu besorgen.

Doch lohnt sich der Bau eines Durchstiegs auch bei Wohnmobilen auf Lkw-Basis, wenn die Kabinenrückwand ebenso aufgetrennt werden muss wie die Vorderfront des Wohncontainers? Neben der erforderlichen **Mehrarbeit** ergeben sich zwangsläufig **Probleme beim Abdichten.** Die Verbindung kann durch die Fahrzeugverschränkung und die dadurch entstehende unterschiedliche Bewegung von Fahrerhaus und Wohnkabine nicht starr ausgeführt werden. Sollen auch Pisten- und Geländefahrten unternommen werden, fällt dieser Aspekt besonders ins Gewicht. Am besten dürfte sich hierfür ein dehnbarer Gummibalg bewähren, der alle Fahrzeugbewegungen mitmacht.

Vielfach wird angeführt, der Durchgang sei vor allem aus **Sicherheitsgründen** unerlässlich. Man müsse schließlich in Gefahrensituationen fliehen können. Richtig ist daran, dass dieses Argument zur Beruhigung ängstlicher Gemüter beiträgt. Denn bei einem Überfall kann bereits ein quergestelltes Täterfahrzeug vor dem eigenen Camper jeden Fluchtversuch unterbinden.

Im Verlauf von zwei Jahrzehnten habe ich in diesem Zusammenhang **folgende Erfahrungen gemacht:** Etwas mehr als ein Dutzend Mal wurden wir nachts gestört, rund zehnmal davon von der Polizei. Acht dieser Störungen waren Folge besorgter Anwohner bei wildem Campen bzw. Polizeibeamte, die wissen wollten, wer wir sind. In zwei weiteren Fällen, einmal nach einem Albanienbesuch, wurden wir nach dem Grenzübertritt nachts in Griechenland mit vorgehaltenen Waffen aus dem Fahrzeug geholt. Nach Kontrolle der Papiere und einer Untersuchung auf Waffen wurden wir dann in Ruhe gelassen. Im Iran wurde ich eines nachts von einem Polizeiwagen zur Polizeidienststelle gebracht. Nach der Passkontrolle wurde ich ebenfalls wieder entlassen. Besorgte Dorfbewohner in Usbekistan störten eines nachts meinen Schlaf, nachdem ich in Ermangelung eines geeigneten Stellplatzes am Rand ihres Dorfes zwischen bewässerten Baumwollfeldern campierte. Mit Knüppel bewaffnet forderten sie mich auf, den Magirus zu öffnen. Ein Autoscheinwerfer war dabei auf mich gerichtet. Ich gestattete einer Person, meine Wohnkabine zu betreten und meinen Pass in Augenschein zu nehmen. Als dies geschehen war, trollten sich die etwa zwanzig Männer und ich konnte meinen Schlaf fortsetzen. In zwei weiteren Fällen versuchten Unbekannte in Russland, das anscheinend herrenlos abgestellte Fahrzeug zu inspizieren. Sobald wir das Licht einschalteten, hörten wir, wie ein Automotor gestartet wurde und sich der „Besuch" entfernte. In keinem der genannten Fälle wäre ein Fluchtversuch sinnvoll gewesen, sondern hätte die Situation unkontrollierbar eskalieren lassen. Drei meiner Fahrzeuge waren darüber hinaus mit einem Aufstelldach ausgerüstet, das jeden plötzlichen Start vereitelt hätte.

Auch wenn in der einschlägigen Literatur immer wieder für den Aspekt des Sicherheitsgewinns über einen Durchstieg zum Fahrerhaus argumentiert wird, habe ich andere Erfahrungen gemacht. Sinnvoll erscheint mir der Zugang zum Fahrerhaus weniger, um in einer Gefahrensituation schnell verschwinden zu können, sondern eher, um während der Fahrt beispielsweise kalte Getränke aus dem Kühlschrank zu besorgen. Will man Personen im Koffer befördern, ist der ungehinderte Zugang ebenfalls empfehlenswert. Eine Verständigungsmöglichkeit mit den dort untergebrachten Passagieren ist in jedem Fall zwingend erforderlich. Letztlich ist die Notwendigkeit eines Durchstiegs eine Ermessensfrage, die jeder Ausbauer individuell entscheiden muss.

Im Winter oder bereits in der kühleren Jahreszeit des Vorfrühlings oder Spätherbstes reicht die für die Größe des Fahrerhauses ausgelegte **Fahrzeugheizung** nicht aus, um auch den Innenraum des Wohnbereichs aufzuheizen. Die Folge: Entweder man trennt durch einen wärmeundurchlässigen Vorhang Fahrerhaus und Wohnbereich oder man friert. Natürlich lässt sich auch die Zusatzheizung einschalten, so vorhanden. Doch den Betrieb einer Gasheizung würde ich aus Sicherheitsgründen während der Fahrt unbedingt ablehnen.

Innenausbau

Sinnvollerweise beginnt man mit dem **Einsetzen von Klappen, Fenstern und Türen** im Wohnkoffer. Wo die vorhandenen Fenster nicht genügen, können Integralfenster aus dem Campingzubehör verwendet werden. Diese sind ausreichend haltbar, sehr gut isoliert, mit Fliegen- und Verdunklungsrollos ausgestattet, allerdings auch recht kostenspielig und leider nicht kratzfest.

Fenster aus Sicherheitsglas
Wer häufig durch dichtes Gebüsch fährt, sollte über den Einbau von Fenstern mit Sicherheitsglas nachdenken. Sie sind häufig sogar in neuwertigem Zustand recht preiswert auf den Flohmärkten der Weltenbummler oder bei einschlägigen Fachhändlern zu erhalten. Das Verkratzen der Scheiben wird vermieden, allerdings müssen Verdunklung und Fliegengaze selbst installiert werden.

Wichtig ist eine ausreichende **Belüftung des Innenraums,** erst recht bei heißem Wetter. Nichts ist unangenehmer, als in einem von der Hitze des Tages noch aufgeheizten Metallkoffer schlafen zu müssen, wo einem ständig der Schweiß ausbricht. Abhilfe kann, neben großzügig dimensionierten insektensicheren Fensterflächen, auch der Einbau eines Hubdachs verschaffen, unter dem man sich wie in einem Zelt fühlt und was außerdem noch für eine optische Innenraumvergrößerung sorgt (siehe Kapitel „Stehhöhe").

Auch der Einbau einer Tür mit Fliegengaze sollte in Erwägung gezogen werden. Vielleicht lässt sich eine Schiebetür realisieren, die bei Nichtgebrauch hinter einer Schrankwand verschwindet.

Wenn auch die Öffnungen für die Kamine der Gasgeräte geschnitten sind, geht es an die **Isolation.** Bewährt hat sich auch hier ein Produkt aus dem Campingzubehör. Dieses Dämmmaterial gleicht demjenigen der Isomatten, wie sie beim Zelten Verwendung finden und weist hervorragende Dämmeigenschaften auf. Auch Styropor lässt sich verwenden. Die Verarbeitung gestaltet sich allerdings etwas schwieriger. Wie dick die Isolationsschicht ausfällt, ob einfach, überlappend etc. hängt vom Verwendungszweck ab. Wintercamper sollten hier nicht sparen.

Wichtig bei allen **Metallarbeiten** ist eine größtmögliche Sauberkeit. Bohrspäne sollte man tunlichst entfernen, weil diese unweigerlich zu Rostnestern werden. Blanke Metallkanten sind zu grundieren und überzustreichen, um hässliche Roststellen zu vermeiden.

Nun kann der **Fußboden** in Angriff genommen werden. Besteht er bereits aus dicken Brettern, ist eine weitergehende Isolation überflüssig. Man kann einen Belag aufbringen, der den gewünschten Anforderungen entspricht. Besonders leicht zu reinigen ist Linoleum, leider ohne Isolationseffekt. Mit einem herausnehmbaren und vor jeder Reise zu reinigenden oder zu erneuernden Stück Teppichboden wirkt das Ganze sogar anheimelnd wohnlich. Fest verankerter Teppichboden allein stellt einen schwer zu pflegenden Belag dar, weil man in der Regel keinen Staubsauger mitführt. Andere Beläge wie Kork oder Parkett wirken natürlich ebenfalls ausgesprochen pflegeleicht und wohnlich, sind den harten Belastungen eines Expeditionsmobils auf Dauer aber wohl kaum gewachsen.

Nach dem Boden beginnt man sinnvollerweise mit der **Innenraumverkleidung.** Eine gute Möglichkeit stellen Platten aus dünnem Sperrholz und Dekore in vielen Holzmaserungen dar, die in fast allen Baumärkten preiswert

Styropor

Preiswerteste Isolationsmöglichkeit ist die Verwendung von Styropor. Das Material ist leicht, außerdem problemlos mit einem elektrischen Brotmesser zu sägen. Man drückt die Styroporplatte an die zu isolierende Fläche, wobei sich die Konturen zum Ausschneiden abzeichnen. Das genaue Messen entfällt. Kleinere Unregelmäßigkeiten lassen sich durch Hineindrücken oder Anstückeln gut ausgleichen. Wichtig ist die Verwendung eines speziellen Kontaktklebers für dieses Material.

Gutes Material zum Ausbau

Spanplatten sind als ausschließliches Material zum Ausbau ungeeignet. Sie lassen sich aufgrund der harten und abwaschbaren Oberflächenbeschichtung jedoch als Tischplatte oder Arbeitsplatte bei der Kücheneinrichtung verwenden.

Massivholz ist ebenfalls ungeeignet, da es sich bei geringsten Luftfeuchtigkeitsänderungen verzieht.

Am besten geeignet sind kunststoffbeschichtete Sperrholzplatten.

Vorteile:

- *keine Beachtung der Faserrichtung wie bei Tischlerplatten nötig*
- *minimaler Feuchtigkeitsverzug*
- *sehr gute Festigkeitseigenschaften*
- *minimales Gewicht*

Der Nachteil:

Sehr kostenintensiv und nur in speziellen Geschäften für Selbstausbauer erhältlich.

erworben werden können. Befestigt werden diese mit Messingschrauben und Unterlegscheiben aus dem gleichen Material, was dekorativ wirkt. Die **Möbel** lassen sich aus bereits im Baumarkt zuschneidbaren Tischlerplatten herstellen.

Diese müssen zunächst jedoch mit einer Holzlasur gestrichen werden. Soll das Ganze aussehen wie im häuslichen Wohnzimmer, lassen sich Türen und Klappen inklusive entsprechender Scharniere etc. ebenfalls im Baumarkt erwerben. Allerdings kann man auch mit der Stichsäge Klappen und Türen aussägen, diese mit Scharnieren, Griffen und Schlössern versehen und wieder einsetzen. Macht etwas Arbeit, sieht aber auch gut aus. Inwieweit bereits vorhandene Einbauten genutzt werden, ist dem persönlichen Geschmack überlassen.

Die Oberflächenbehandlung der Tischlerplatten

Zunächst wird die Oberfläche mit **Schleifpapier** der Körnung 220 abgeschliffen, anschließend abgestaubt. Je nach Wahl kann das Holz nun mit einer **Lasur** in den verschiedensten Farbtönen gestrichen werden. Hierzu bieten sich die Fabrikate Xyla-Brillant oder Combi-Clou-Lacklasur an. Sie vereinigen Beize und schützende Lasur, sind matt-glänzend und transparent, sodass die Holzstruktur sichtbar bleibt. Nach dem Trocknen der ersten Lasurschicht wird diese mit einem sehr feinen Schleifpapier noch einmal abgeschliffen, da sich beim Streichen feine Holzhärchen aufgestellt haben und die Oberfläche rau wirkt. Anschließend wird eine zweite Lasurschicht aufgetragen.

Kantenschutz

Um zu verhindern, dass Feuchtigkeit über die Kanten in die Platte gelangt und diese aufquellen lässt, muss diese geschützt werden. Hierzu bieten sich spezielle **Kunststoffbänder zum Aufbügeln** an oder das **Einpressen eines Kantenumleimers** in die zuvor eingefräste Nut entlang der Kante. Es gibt verschiedene Kantenschutzprofile aus flexiblem PVC. Für Möbel-Stirnseiten empfehlen sich einfache Umleimer mit T-förmigem Profil, für Türen und Schrankklappen spezielle Anschlagprofile.

Scharniere

Sind die Türen oder Klappen nicht mit einem Umleimer versehen, können beliebige Scharniere nach Wahl eingebaut werden. Jede Metallscharnier-Garnitur besteht aus einem Anschlagteil für die Tür und einem für den Schrank sowie einem Bolzen. Vor der Montage ist der **Anschlag** links oder rechts festzulegen. Bei waagerecht angebrachten Klappen lässt sich das seitliche Herausrutschen der Tür durch gegensätzlichen Einbau der Scharniere verhindern. Zur Erläuterung: Eine senkrecht stehende Tür kann nach oben entfernt werden. Dreht man das obere Scharnier vor dem Einbau um, würde die Tür nicht mehr herausnehmbar sein. Dies ist der Gedanke bei der Empfehlung, die Scharniere waagerechter Klappen gegensätzlich einzubauen. Natürlich kann man dann die Klappen nur nach Abschrauben eines Scharniers wieder herausnehmen.

Griffe und Möbelschlösser

Um Verletzungen zu vermeiden, sollten keine hervorstehenden Griffe verbaut werden. Im Campinghandel gibt es eine reichhaltige **Auswahl an eingelassenen Griffen,** die speziell für Reisemobile entwickelt wurden. Bei meinem Wohnmobil entfällt allerdings der Aufenthalt im Fahrzeug während der Fahrt, da ich auf einen Durchstieg zwischen Wohnbereich und Fahrerhaus verzichtete. In der Folge entschied ich mich für **metallene Riegel** zum Sichern und Verschließen der Türen und Klappen. Dies sieht nicht unbedingt elegant aus, erfüllt aber den Zweck. Außerdem bleiben Türen und Klappen auch bei härtester Beanspruchung geschlossen. Dies war nach eigener leidvoller Erfahrung mit o. g. Griffen und Schlössern aus dem Campinghandel meist nicht der Fall.

Sitzbänke

Will man weitere Personen im Wohnbereich (der dann mit dem Fahrerhaus Signalkontakt haben muss) transportieren, bietet sich die Aufstellung der **Sitzbänke in Fahrtrichtung** an. Durch diese Aufstellung entfällt die **Installation von Sicherheitsgurten.** Bei einem kleinen Koffer wie meinem Funkkoffer auf dem Unimog 404 sind zwei einander gegenüberliegende Bänke, wie sie seinerzeit im VW-Bus verbaut wurden, erste Wahl. Sie bestehen aus Lehne, Sitz und großer Stautruhe und lassen sich durch einfaches Klappen **zu einem großen Doppelbett umfunktionieren.** Ein Tisch mit Schwenkfuß vervollständigt den Wohnbereich. Während der Nacht lässt er sich schnell zu Seite klappen.

Selbstverständlich lassen sich auch diese Möbel aus Tischlerplatten fertigen. Die Polster sollten in diesem Fall aus 10 cm dickem, hartem Schaumgummi bestehen. Ich habe Holzplatte und Polster nicht miteinander verbunden, sodass sich die Bettkonstruktion mithilfe der Tischplatte zwischen den Sitzmöbeln leicht bewerkstelligen ließ. Als Bezug verwendete ich sehr strapazierfähigen, dicken gemusterten Stoff, auf dem Schmutz oder kleinere Flecken nicht so schnell entdeckt werden.

Die Gasanlage

Wie an anderer Stelle angesprochen, stellt die Gasanlage eine **Gefahrenquelle** dar. Besonders das bei unzureichender Belüftung sich ansammelnde Verbrennungsgas Kohlenmonoxid (CO) stellt rein statistisch das größte Problem dar, weil es in hohen Konzentrationen zum Erstickungstod führen kann. Ein für wenig Geld installierbarer Warnmelder sollte daher nicht fehlen. Auf eine sichere Abgasführung ins Freie ist unter allen Umständen zu achten.

In den meisten Wohnmobilen werden **Gasflaschen** verwendet, die in vielen, auch außereuropäischen Ländern problemlos wieder aufgefüllt werden. Erhältlich ist im Campingzubehör ein Adaptersatz, mit dem fast alle Anschlussprobleme gelöst werden können. Ein eigenes System wird in den Ländern Nordamerikas betrieben, wo die Wohnmobile gewöhnlich Außentanks montiert haben, deren Füllsystem mit europäischen Systemen nicht kompatibel ist.

Abgesehen von speziellem Wintercamping sollte eine **Kapazität** von 2 Flaschen à 5 kg Gas völlig ausreichen. Die grauen Gasflaschen verfügen über ein **Sicherheitsventil** und müssen in einem **zum Innenraum hin gasdichten Kasten** untergebracht sein, der nach unten **Entlüftungsöffnungen** besitzen muss. Der Zugang sollte also möglichst über eine Klappe von außen erfolgen. Die Flaschen müs-

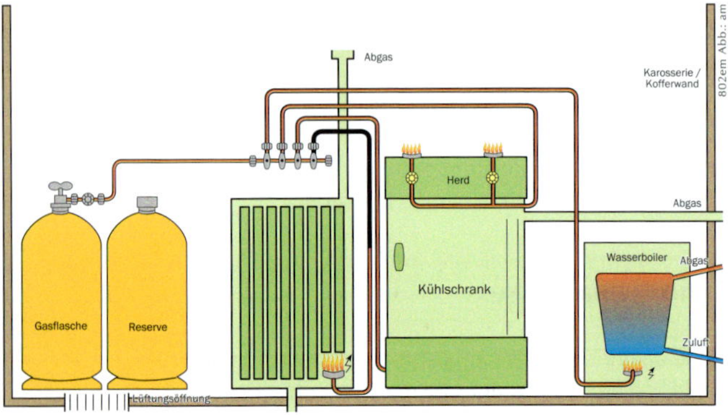

▲ *Skizze der Gasanlage*

sen durch leicht bedienbare Halterungen unverrückbar mit dem Fahrzeug verbunden und auch gegen Verdrehen gesichert sein.

Über den **Druckregler** wird der Gasdruck von 5 bar auf 50 mbar heruntergeregelt. Im Winter kann es zu einer Vereisung kommen, weshalb ein **Heizelement** zu empfehlen ist. Jede Entnahmestelle muss durch ein **Absperrventil** gesichert sein. Hierzu verwendet man am besten einen Block von drei bzw. vier Absperrhähnen. Zur Verbindung wird nahtloses Präzisionsstahlrohr verwendet und mit Schneideringverschraubungen aneinander gefügt.

Alle **Rohrleitungen** müssen so verlegt werden, dass sie durch die Fahrbeanspruchung nicht beschädigt oder undicht werden können. Außen verlaufende Leitungen sind gegen Korrosion zu schützen.

Das **vorschriftsmäßige Verlegen von Gasleitungen** erfordert Spezialwerkzeug zum Abschneiden und Biegen der Rohre ebenso wie zum Herstellen der Schneideringverschraubungen. Nur wenn beides vorhanden ist, sollte man selbst diesen Ausbauteil in Angriff nehmen. Andernfalls ist der Gang zum Spezialisten geraten.

Die Wasseranlage

Wie groß muss der Wassertank werden? Braucht man einen Schmutzwassertank? Wo sollen die Tanks untergebracht werden?

Will man vorwiegend extreme Wüstengebiete bereisen, sollte man am Trinkwasser nicht sparen. 300 Liter stellen dann das Minimum dar. Für ein Wohnmobil auf Lkw-Basis sollten jedoch bei gemischten Einsatzbedingungen 200 Liter völlig ausreichend sein. Ein **Schmutzwassertank** ist dann vonnöten, wenn man mit seinem Spülwasser nicht unbedingt auf dem Parkplatz nahe des Stadtzentrums für Aufmerksamkeit sorgen möchte. In der freien „Wildbahn" kommt man zur Not auch ohne aus. Letzteres bezieht sich natürlich nur auf fast vollständig vegetationslose und menschenleere Gebiete wie etwa die Sahara. Der überwiegende Teil der Wüstenfahrer verzichtet auf einen Schmutzwassertank und führt an dessen Stelle lieber Trinkwasser mit sich.

▼ In der Sahara entfällt der Schmutzwassertank zu Gunsten einer größeren Frischwassermenge

048em Abb.: hs

In allen Regionen sollte das Brauchwasser ebenso wie die Toilette natürlich möglichst umweltverträglich entsorgt werden. Grundsätzlich ist dies nur auf entsprechend ausgestatteten Campingplätzen möglich, die jedoch in den Zielgebieten der Fernreisenden eher nicht vorhanden sein dürften. Zu empfehlen ist daher der Gebrauch von biologisch abbaubaren Spülmitteln sowie der Verzicht auf Chemietoiletten, auch wenn dadurch eine gewisse Geruchsbelästigung unausweichlich sein dürfte. Die unappetitlichen „Reste" sollten möglichst diskret vergraben werden.

Wasserpumpe

Eine zweite, externe Pumpe fördert mithilfe des ohnehin schon vorhandenen Wasserschlauchs das kostbare Nass auch aus tiefen Brunnenschächten, wenn die Leistung hierzu ausreicht. Besonders bewährt haben sich Lenzpumpen aus dem Bootszubehör-Handel. Auch zum Waschen des Fahrzeugs am Bachrand lassen sie sich bestens verwenden.

Der Tank bzw. die Tanks sollten unter dem Auto angebracht werden, möglichst auf der dem Dieseltank gegenüberliegenden Seite (Gewichtsausgleich). Der Tank soll eingefärbt oder gestrichen sein. Damit wird Sonneneinstrahlung vermieden, die sonst das Algenwachstum fördern würde.

Eine Isolation mit elektrischer Heizung ist allerdings für das Wintercamping unerlässlich.

Ein nicht zu unterschätzendes Problem ist die **Befüllung der Tanks** unterwegs. Nicht immer funktioniert das Befüllen mit dem Wasserschlauch, vor allem nicht in Gegenden, die andere Anschlussnormen oder nur Brunnenwasser anbieten können. In den meisten Fällen muss mithilfe eines Kanisters der Wasservorrat ergänzt werden. In Bergregionen finden sich häufig Brunnen am Wegesrand mit hochwertigem und für alle gratis zu beziehendem Trinkwasser.

Entnommen wird das Wasser mit einer Pumpe, hier haben sich die im Campinghandel vertriebenen **Shurflo-Pumpen** bestens bewährt. Allerdings genügt in vielen Fällen auch eine kleine, billige Tauchpumpe. Von der Pumpe geht es zum Druckbehälter. Nun wird der Kreislauf in einen Kalt- und einen Warmwasserstrang geteilt. Letzterer führt über einen Abzweig zu Bad und Küche, ersterer zum Heißwasserboiler. Von dort werden Küche und Bad ebenfalls mit dem Warmwasserstrang verbunden. Zum Thema Wasserleitung noch eine Bemerkung: Nur hygienisch einwandfreie, trinkwassergeeignete Schläuche sollten Verwendung finden. Leitungen sind nur im isolierten Bereich zu verlegen, da sie sonst einfrieren. Vermeiden Sie die Bildung von Wassersäcken, auch im Abwassersystem. Achten Sie auch auf die Scherfreiheit, d.h., vermeiden Sie sich kreuzende Leitungen, die durch Schlingern u.Ä. beschädigt werden können. Am tiefsten Punkt des Leitungssystems sollte ein **Entleerungshahn** eingeplant werden.

Will man in tropische Länder, wo mitunter Wasser fraglicher Qualität getankt werden muss, kommt man um die **Anschaffung eines Filtersystems** nicht herum. Nach Einbau der Filter wird aus dem einstmals starken Wasserstrahl ein tröpfelndes Rinnsal, das bereits das Abfüllen des Teewassers zur Geduldsprobe werden lässt. Duschen wird nun unmöglich. Ein weiterer Wasserstrang, gespeist von einer kleinen Tauchpumpe in einem 20 Liter-Kanister mit angeschlossenem Filtersystem löst das Problem. Leider werden hierdurch die Wassermengen stark eingeschränkt, aber reines Trinkwasser hat eben seinen Preis.

Druckausgleichsbehälter

Der Druckausgleichsbehälter ist als Zubehör beim Einbau von Automatik-Wasserpumpen unbedingt zu empfehlen. Er gewährleistet gleichmäßigen Wasserfluss und verhindert das ständige Ein- und Ausschalten der Pumpe durch Speicherung des Drucks. Nebenbei wird die Laufleistung der Pumpe wesentlich erhöht. Allerdings muss er unbedingt senkrecht eingebaut werden. Er funktioniert als Pumpenschalter, der sich bei Wasserabfluss und daraus folgender Dekomprimierung der Luft im Behälter einschaltet. Wird die Wasserentnahme beendet, steigt der Druck an, wobei die Pumpe abgeschaltet wird.

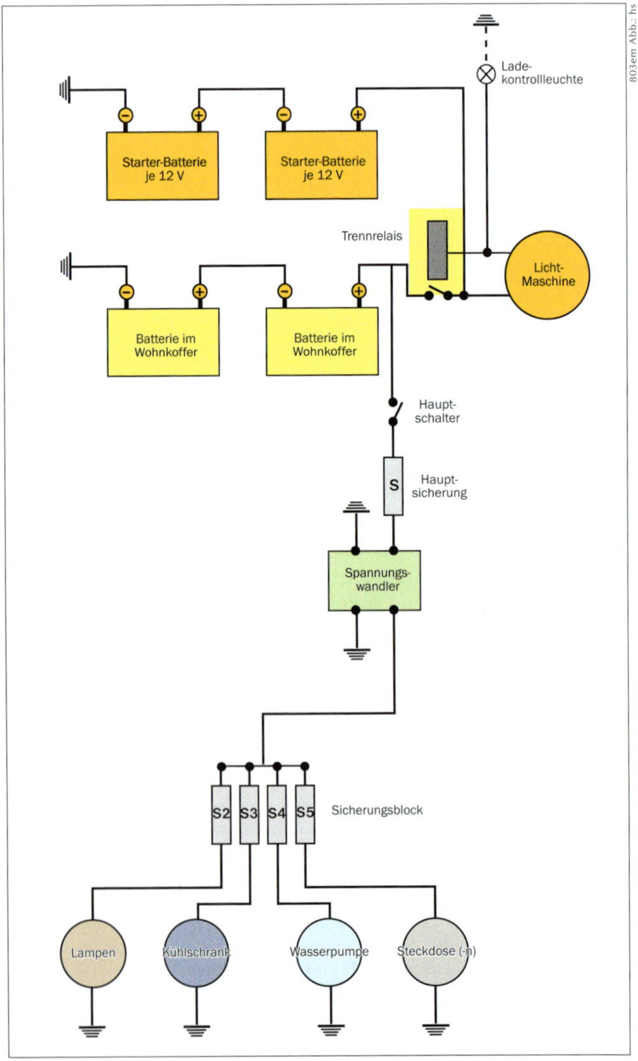
Lade-
kontrollleuchte
Starter-Batterie
je 12 V
Starter-Batterie
je 12 V
Trennrelais
Licht-
Maschine
Batterie im
Wohnkoffer
Batterie im
Wohnkoffer
Haupt-
schalter
S
Haupt-
sicherung
Spannungs-
wandler
S2
S3
S4
S5
Sicherungsblock
Lampen
Kühlschrank
Wasserpumpe
Steckdose (-n)

803em Abb.: hs

Die elektrische Anlage

Der wichtigste Rat vorab: nicht drauflos verlegen, sondern die Anlage konzipieren und skizzieren. Die sauber und gewissenhaft ausgeführte Installation vermeidet später langwieriges Suchen von Fehlerquellen.

Für die **Verkabelung der einzelnen Geräte** ist zunächst die richtige Wahl des Leitungsquerschnitts zu beachten. Mithilfe des Ohmschen Gesetzes R= U/I lässt sich der **Leitungsquerschnitt** berechnen. Er muss umso größer sein, je höher die Leistungsaufnahme des Verbrauchers und die Leitungslänge ist.

Einige grobe Richtwerte:	
Lichtmaschine - Trennrelais - Batterie	*25 mm*
Batterie - Hauptschalter - Sicherungskasten	*10-25 mm*
Sicherungskasten - Verbrauer	*2,5-4 mm*
Kühlschrank	*4 mm*
Kleinverbraucher	*1,5 mm*

Es sind nur **flexible, isolierte Kupferlitzen** in unterschiedlichen Farben zu verwenden, um Verpolungen und Verwechslungen zu vermeiden. Zum Verlegen sollten Hohlprofile, Sicken und Verrippungen genutzt werden, scharfe Kanten und Ecken gilt es zu meiden. Als Rückleitung kann die Metallstruktur des Koffers dienen. Bei nichtleitenden Konstruktionsmaterialien muss auch die Rückleitung verlegt werden. Verbinden Sie Ihre Kabel bitte nicht mit Lüsterklemmen (Wackelkontakt- und Brandgefahr) sondern durch **Quetsch- und Kabelstecker,** wie sie in der Autoelektrik üblich sind.

Empfehlenswert, wenn auch nicht unbedingt zwingend, ist die **Trennung der Starterbatterien vom Netz des Wohnaufbaus.** Hierzu dient ein Trennrelais, das es zwar erlaubt, alle Batterien von der Lichtmaschine gemeinsam zu laden, jedoch

◀ *Skizze der elektrischen Anlage*

verhindert, dass Kühlschrank oder andere Großverbraucher die Starterbatterien schwächen. Ziel ist, die Startfähigkeit des Fahrzeugs auch bei längeren Standzeiten nicht zu beeinträchtigen. Entschließt man sich zum Einbau von Zusatzbatterien, erscheint es ratsam, die gleiche Kapazität wie bei den Starterbatterien zu verwenden, um unterschiedliche Ladezustände zu verhindern. Zwingend ist dies nicht, mit etwas Umsicht genügt es, mit den Starterbatterien auszukommen. Dann sollten diese allerdings über große Kapazitäten verfügen. Eine weitere Voraussetzung wäre die Bewegung des Fahrzeugs innerhalb bestimmter Zeitspannen, um die Erschöpfung zu vermeiden. **Solarzellen oder ein kleines Windrad** für den Einsatz im hohen Norden können durchaus den nächtens oder durch die Kühlbox verbrauchten Strom ersetzen. Will man allein in sehr einsame Weltregionen verreisen, kommt man jedoch um die Mitnahme eines Stromgenerators nicht herum. Dieser sollte sowohl zum Laden der Batterien als auch zum Betrieb von 220 V-Geräten geeignet sein.

Der nächste wichtige Baustein besteht in der **Anschaffung eines Spannungswandlers,** der aus 24 V 12 V erzeugt. Dies gilt natürlich nur, falls das Auto, wie bei den meisten hier beschriebenen Modellen, über eine 24 V-Anlage verfügt. Wählen Sie einen Spannungswandler mit hoher Leistungsfähigkeit, damit er allen Anforderungen gerecht wird. Natürlich wäre es auch hier möglich, ohne auszukommen – die Folge wäre jedoch ein unterschiedlicher Ladezustand der Starterbatterien, was diese auf Dauer übel nehmen könnten.

Jetzt gilt es, die **Position der Leuchtstoffröhren** zu bestimmen, um die Kabel entsprechend verlegen zu können. Auch Wasserpumpe und Heißwasserboiler (zum Starten des Heizvorgangs) benötigen Strom. Ob man sich für einen altmodischen

Absorberkühlschrank mit Gasbetrieb oder ein Kompressorgerät bzw. eine Kühlbox entscheidet, ist wie so häufig eine Preisfrage. Ersteren besitzt man vielleicht noch aus einem Vorgänger oder kann ihn preiswert gebraucht erstehen, letztere sind sehr teuer. Allerdings zeigt sich die Kühlleistung beim Betrieb auf 12 V während der Fahrt beim Kühlschrank als vernachlässigbar. Vergisst man diesen jedoch anschließend abzuschalten bzw. auf Gasbetrieb umzuschalten, könnte dies u. U. die ungeschützten Starterbatterien weitgehend entladen.

Als unbedingt notwendig erweist sich die **Absicherung der elektrischen Anlage.** Ansonsten würde ein Kurzschluss schnell zu einem Kabelbrand führen, der zur Vernichtung des Wohnmobils ausreichen könnte. Im einfachsten Fall würde eine „fliegende Sicherung" ausreichen, um größeren Schaden zu vermeiden. Im Regelfall wäre die Absicherung etwa bei 15–20 A. Empfindliche Gerätschaften, die weit weniger Strom aufnehmen, könnten jedoch in Mitleidenschaft gezogen werden, sodass eine Einzelabsicherung unterschiedlicher Baugruppen wie z. B. Leuchtstoffröhren (ca. 10 A), Kühlschrank und Steckdosen (ca. 15 A) zu empfehlen wäre. Ventilatoren erweisen sich gemeinhin ebenfalls als Stromfresser und können mit 20 A abgesichert werden. Die Elektronik des Boilers z. B. verfügt bereits über eine Glassicherung, wie sie auch im Autoradio oder dem CB-Gerät Verwendung findet. Gas- oder CO-Warngeräte werden mit 9 V-Blockbatterien betrieben und sind ebenso wie die Truma-Gasheizung (2x1,5 V-Batterien) vom Bordnetz unabhängig.

Die Leistungsaufnahme sowie die zu erwartende Betriebsdauer der angeschlossenen Geräte muss der **Batteriekapazität** angepasst sein. Die Wattangabe der Geräte wird mit der üblichen Nutzungsdauer multipliziert, sodass man die Wattstundenzahl erhält. Diese wiederum ist auf der Batterie angegeben. Man sollte sie realistischerweise allerdings nur zu 2/3 in Ansatz bringen, da die Batterien meist nicht voll geladen sind und/oder Spannungswandler etc. einen Teil der Kapazität ohne Nutzleistung aufzehren.

Sinnvollerweise sollte man sowohl einen **Schalter zur kompletten Abschaltung des Innenraums** installieren als auch einen **Schalter zur Abschaltung der Wasserpumpe.** Sollte ein Tank leer geworden sein oder durch Schrägstehen des Fahrzeugs o. Ä. für die Wasserentnahme nicht ausreichen, schaltet sich die Shurflo-Pumpe ungewollt ein und sorgt für erheblichen Stromverbrauch. Auch der Absorber-Kühlschrank hat einen riesigen Strombedarf und leert die gut gefüllte Versorgungsbatterie, wenn man vergisst, ihn auszuschalten. Nach meinen Erfahrungen lohnt sich dessen Betrieb auf 12 V lediglich bei langen Fahrten, wenn man auf die Gasversorgung nicht zugreifen kann.

Heißes Wasser für Küche und Bad

Eine wichtige Frage bei der Planung des Expeditionsmobils lautet: Wie versorge ich Küche und Bad mit heißem Wasser? Natürlich besteht bei Fahrten in heiße Länder die Möglichkeit, einen Wassersack in die Sonne zu hängen und im Freien zu duschen. Diese einfachste Form der Warmwasseraufbereitung kann variiert werden, indem man ein schwarzes (oder schwarz gestrichenes) Abwasserrohr von 2 m Länge mit einem Durchmesser vom 12 cm an der Dachreling befestigt und mit Einfüllöffnung und Ablaufschlauch versieht. So lassen sich immerhin etwa 45 l warmes Wasser erzielen.

Leider funktioniert diese Methode nicht bei kühlen Außentemperaturen, sodass man auf alternative Methoden mit Strom- und/oder Gasverbrauch ausweichen muss. Wer dies partout nicht möchte, kann auf die Idee kommen, die **Motorabwärme zu nutzen.** Hierbei wird in den Kühlwasserkreislauf ein Wärmetauscher geschaltet, der über eine von heißem Wasser durchflossene Spule das in einem gesonderten Tank befindliche Brauchwasser erhitzt. Problem: Bei mehrtägigem Aufenthalt des Fahrzeugs steht kein Warmwasser zur Verfügung. Wer will schon ausschließlich zur Warmwasseraufbereitung den Motor längere Zeit im Stand laufen lassen? Außerdem wird das Fahrzeug je nach Beschaffenheit der Strecke störanfälliger, da jede zusätzliche Schlauchverbindung zu einem erhöhten Risiko, Wasser zu verlieren, führt. Wenn man sich für eine derart aufwendige Lösung entscheidet, wäre zu überlegen, ob nicht mithilfe einer von der Firma Webasto produzierten **Heizung für Motor- und Fahrkabine auch Warmwasserbereitung** erfolgen könnte. Sie ist ebenfalls in den Kühlkreislauf eingebunden und könnte evtl. auch den Wohnraum beheizen. Ideal wäre ein System, wobei wahlweise der Motor vorgewärmt, das Fahrerhaus bzw. der Wohnbereich erwärmt und warmes Wasser produziert werden könnte. Ein weiterer Vorteil läge im Verzicht auf die Installation einer Gasanlage, wenn man sich zur Nutzung eines Spirituskochers entschließt.

Sehr Platz sparend und einfach zu installieren sind z. B. die kleinen **Elgena-Boiler,** die mit 12 bzw. 24 V sowohl während der Fahrt als auch im Stand betrieben werden können. Wahlweise bietet die Firma Geräte an, die z. B. auf dem Campingplatz auch mit 220 V Netzstrom funktionieren. Die Geräte erhitzen bis zu 3 l Wasser, die bei maximaler Aufheizung etwa 12–15 l Duschwasser beim Mix mit Kaltwasser zur Verfügung stellen.

Hat man allerdings ohnehin vor, eine **Gasanlage** zu installieren, empfiehlt sich der **Einbau eines herkömmlichen Wasserboilers,** z.B. der Firma Truma. Die Boiler fassen 8 oder 14 l und lassen sich sehr bequem über die mitgelieferte Elektronik einschalten und steuern, sodass z.B. morgens ausreichend warmes Wasser zur Verfügung steht. Nachteil: Die Geräte sind relativ teuer und während der Fahrt aus Sicherheitsgründen nicht zu betreiben.

Die Heizung

Viele Fahrzeuge des THW sowie von der Bundeswehr oder von Kommunen verfügen bereits über **benzin- bzw. dieselelektrisch betriebene Heizungen.** So befand sich unterflur montiert eine **Webasto-Dieselheizung** an meinem Magirus, der Unimog 404 S war mit einer **Schwingfeuerheizung** ausgerüstet. Der Vorteil dieser Heizsysteme besteht natürlich darin, dass sie ohne Zusatzkosten Wärme liefern. Leider sind sie so ausgelegt, dass, wie z.B. im Magirus, der Wärmebedarf der Kabine ohne Isolation entspricht. Wird diese isoliert, hält man es nach kurzer Laufzeit im Innenraum vor Hitze nicht mehr aus, d.h., die Heizanlage muss wieder abgeschaltet werden. Kühlt die Kabine nach einer gewissen Zeit wieder aus, ist erneut vorzuglühen. In Verbindung mit dem Gebläse entsteht somit ein **enormer Strombedarf,** wodurch die Bordbatterien entsprechend belastet werden. Ein nicht von der Hand zu weisender Vorteil dieser Anlagen liegt darin, dass **kein weiterer Energieträger erforderlich** wird, da Diesel und Benzin überall verfügbar sind. Die Schwingfeuerheizung des Unimogs musste jedoch weichen, weil der Platz dem Aufstelldach zum Opfer fiel. Auch bei dem Magirus wurde der freie Raum unter der linken vorderen Kabinenseite zum

Einbau eines Zusatztanks genutzt. Traurig bin ich darüber allerdings nicht: Die beiden **Gasheizungen von Truma** (Leistung 1,8 kW) sind durchaus in der Lage, die Kabinen auch bei bis zu -10 °C angenehm zu beheizen, Propangas vorausgesetzt!

Im Iran ließ ich mir eine Gasflasche auffüllen. Dies geschah am Straßenrand in einer größeren Ortschaft aus einer umgedrehten 12 kg-Flasche mit Gas unbekannter Zusammensetzung. Als ich in der Türkei in einen Schneesturm mit Temperaturen von -10 bis -20 °C geriet, gelierte das Gas und die Heizung fiel aus. Genauso wäre es mir übrigens mit einer dieselelektrischen Heizung ergangen. Der iranische Diesel flockte die Filter des Motors zu, worauf das Fahrzeug nicht mehr zu bewegen war.

Rüstet man das Fahrzeug mit einer **Campinggasanlage** aus, lässt sich daran neben der Heizung ein Gasherd, der Kühlschrank sowie ein Boiler für das Duschwasser betreiben. Der Betrieb dieser Anlage gestaltet sich im Normalfall sehr bequem und sicher, da alle Geräte die Gaszufuhr automatisch über einen Sicherheitsschalter unterbrechen, sobald die Flamme erlischt. Dies ist ebenso wie die Dichtigkeit der gesamten Anlage vor der Fahrzeugabnahme als Wohnmobil von einer anerkannten Fachwerkstatt zu bescheinigen. Die Prüfung muss im Abstand von zwei Jahren wiederholt werden.

▼ *Dreiflammiger Gasherd aus dem Campingzubehör*

047em Abb.: hs

Gasanlage

Vorteile

- *sauberer Brennstoff*
- *keine Geruchsbelästigung*
- *Betrieb von Kühlschrank, Herd, Boiler und Heizung möglich*
- *bequemer und im Normalfall sicherer Betrieb*

Nachteile

- *mögliche Probleme bei unterschiedlichen Füllsystemen*
- *hohes Gefahrenpotenzial bei einem Unfall*
- *notwendige Dichtheitskontrollen bei Pistenfahrten*

Koch- und Heizsysteme auf Benzin- oder Dieselbasis

Vorteile
- *Treibstoff jederzeit verfügbar*
- *Heizungen häufig bereits in Militärkoffern o. Ä. vorhanden*
- *geringes Gefahrenpotenzial*

Nachteile
- *Heizsysteme meist zu groß dimensioniert*
- *hoher Stromverbrauch durch Gebläse*
- *mögliche Geruchs- und Qualmbelästigung*

Entscheidet man sich dagegen, bleibt der **Einbau eines Benzin- bzw. Dieselkochers,** wobei letzterer dazu neigt, stark zu rußen. In Campmobilen von VW wird z.T. ein Spirituskocher verwandt. Der Grund hierfür dürfte vor allem in Platzproblemen für die Gasanlage zu suchen sein.

Heißes Wasser lässt sich mit einem Wärmetauscher erzeugen, wobei das heiße Kühlwasser des Motors über ein geschlossenes Rohrsystem durch einen Brauchwassertank geleitet wird und dieses erhitzt. Der Kühlschrank kann durch eine Kompressor-Kühlbox ersetzt werden, die elektrisch betrieben wird und deutlich bessere Ergebnisse als ein gasbetriebener Kühlschrank zeigt.

Ein grundsätzliches **Argument gegen den Einbau einer Gasanlage** liegt im sicherheitstechnischen Aspekt. Bei einem Verkehrsunfall, vielleicht auch schon bei wilden Pistenfahrten kann es zu einer Beschädigung der angeschlossenen und im Anschlusshahn ungeschützten Flasche kommen, wodurch große Mengen Gas ausströmen und sich entzünden können. Wie bemerkte doch völlig zu Recht ein TÜV-Beamter: „Mit Gasflaschen haben Sie Bomben an Bord!"

Lohnt sich der Einbau einer Duschkabine?

Kaum ein Hersteller von Wohnmobilen wagt es, einer Kundschaft ein Fahrzeug ohne Duschkabine und darin integrierte Toilette anzubieten. Aber lohnt sich dies auch bei einem Expeditionsmobil?

Wichtigstes Argument dagegen ist die **erforderliche Menge an Wasser,** die bei Wüstenfahrten z. B. nur selten zur Verfügung steht. Bei heißen Außentemperaturen lässt sich auch – wenn doch genügend Wasser vorhanden ist – ein einfacher Was-

044em Abb.: hs

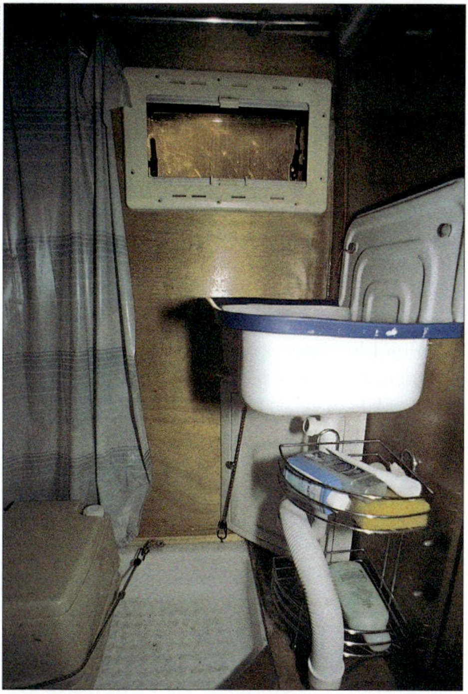

◀ *Unser Duschraum-Konzept*

sersack mit Brauseschlauch verwenden, der von der Sonne erhitzt wird. Weiterhin wird zur Erwärmung Gas bzw. ein Wärmetauscher benötigt.

Andererseits bietet das eigene Badezimmer an Bord **größtmögliche Unabhängigkeit** von Campingplätzen und Duschmöglichkeiten bei kalten Außentemperaturen. Steht genug Raum in der Wohnkabine zur Verfügung, würde ich einen Einbau befürworten. Der Duschraum ist schließlich zum Aufhängen nasser Kleidung, zum Einstellen des Wäschefasses, zum Einbau eines Waschbeckens und als Platz für die Chemietoilette verwendbar. Letztere erscheint unverzichtbar beim Parken auf frequentierten Stellplätzen oder immer dann, wenn die Benutzung der „Großen" in Wald und Flur nicht geraten erscheint.

Wassertanks mit einem Fassungsvermögen von 100–200 l scheinen mir erforderlich. Soll das Fahrzeug auch bei Minusgraden genutzt werden, muss das Wasser frostgeschützt, sprich im Innenraum, untergebracht werden. Ansonsten besteht die Möglichkeit, beheizte und isolierte Tanks unterflur zu montieren. Entscheidet man sich für erstgenannte Lösung, bedeutet dies Verzicht auf Stauraum. Ich habe mich beim Magirus für einen Tank im Innenraum und für einen zweiten außen unterflur entschieden. Beide sind durch einen **Drei-Wege-Hahn** getrennt zu entleeren und natürlich getrennt befüllbar. Als kritischen Punkt habe ich den Ablaufhahn zur Entleerung der Tanks ausgemacht, der bei Minusgraden regelmäßig einfriert. Damit wird dann die Wasserentnahme auch aus dem Innentank unmöglich. Aus diesem Grund habe ich einen separaten Wasserkanister für Notfälle im Innenraum.

Für die **Kleiderwäsche** in Eigenregie wird ein Weithalsfass von etwa 80 l Fassungsvermögen mit Wäsche und warmem Wasser gefüllt. Dies bietet sich natürlich dann an, wenn bei einer Quelle o. Ä.

Wasser sofort nachgebunkert werden kann. Ins Wasser kommt ein Waschmittel, das auch bei niedrigen Temperaturen gute Ergebnisse liefert und sich nicht am Boden absetzt. Will man den Wascherfolg verbessern, kann man ein paar große Kieselsteine ins Fass geben. Nach einer Tagesfahrt wird zur Spülung das Waschwasser durch frisches ersetzt. Dann erfolgt mindestens ein Tag Pause zur Trocknung.

Im Unimog habe ich auf den Einbau einer Duschkabine aus Platzgründen verzichtet. Ich behelfe mich mit einer größeren Waschschüssel, einer Außendusche während der heißen Jahreszeit oder suche Campingplätze oder Hotels auf, wenn eine gründliche Körperreinigung unumgänglich erscheint.

003em Abb.: hs

Beispiele realisierter Expeditionsmobile

Mein Magirus-Ausbau

Beim Fachhändler erstand ich vor rund zehn Jahren einen damals **dreißig Jahre alten Magirus-Mercur.** Das ehemalige THW-Fahrzeug verfügte neben Allradantrieb und Winde über einen Stahlkoffer mit gerade noch ausreichender Stehhöhe. Meine erste Frage lautete: Was kann ich unverändert weiterverwenden?

Stahleinbauten in speziellen Geländeanhängern werden von einigen Herstellern für sehr viel Geld angeboten. Diese Einbauten sollten auch in rauem Pistenbetrieb unzerstörbar sein und damit den Ansprüchen an ein Expeditionsmobil genügen. Es erschien mir als Sünde, sie gegen selbst hergestellte Holzschränke auszutauschen, auch wenn mit dieser Entscheidung notgedrungen ein Teil Wohnraum verloren ging. Dennoch: Der Koffer erwies sich als vollgestopft mit Stahleinbauten, die zur Aufnahme

▼ *Auf einem Parkplatz in der Osttürkei eingeschneit*

050em Abb.: hs

der THW-Gerätschaften gedacht waren. Wohnraum blieb da eigentlich kaum mehr übrig. Ich entfernte zunächst den rechtsseitigen Stahleinbau, wodurch etwas Luft geschaffen wurde.

Ins Auge fiel äußerlich der Reserveradträger mit Stahlschrank auf der gegenüberliegenden Seite. Letzterer bot sich, da außerhalb des Wohnkoffers liegend, als Unterbringungsmöglichkeit für drei Gasflaschen à 5 kg an. Ersterer beherbergt nach wie vor das Reserverad.

049em Abb.: hs

▲ *Unterwegs im Iran*

Vorne quer im Koffer befinden sich in der unteren Etage zwei von außen durch Klappen erreichbare **Staufächer** riesigen Ausmaßes, die später Außensitzgruppe, Notstromaggregat, Werkzeug und weiteres technisches Gerät aufnahmen. Oberhalb befinden sich **Schrankfächer,** die mit einer Platte aus Tischlerholz zu einem sehr großen Wäscheschrank umfunktioniert wurden. In die Platte wurden vier große Türen eingefügt, wodurch alle Innenfächer bequem zu erreichen sind. Auch das Bettzeug, Bücher, Fototaschen u. Ä. konnten hier untergebracht werden. Die originale Sitzbank davor wurde beibehalten und dient zur Aufnahme des ersten 100 l-Wassertanks sowie der weiteren Wasserinstallation, welche im Innenraum weitgehend frostfrei untergebracht ist.

Rechts, zwischen Küchenbereich und Sitzbank, fand der **Heißwasserboiler** seinen Platz. Links, unter der dritten Sitzfläche, ergab sich ein großer Stauraum für Lebensmittel. Die Stahlschrankeinbauten rechts wurden völlig entfernt und machten dem **Kleiderschrank** mit vorgelagerter Gasheizung und einem üppig bemessenen **Duschraum** mit großem Waschbecken und Toilette Platz.

Am rechten hinteren Ende wurde der Reservekanister entfernt und dafür der **Abwassertank** eingebaut. Auf der linken Seite wurde lediglich der obere Teil der Stahleinbauten entfernt. Der untere wurde mit einer fast zwei Meter langen Küchenplatte bedeckt, in die ein **Haushaltsspülbecken** eingearbeitet wurde. Am rückwärtigen Ende befinden sich **Kühlschrank und Geschirrschrank.** Ebenfalls zwei Meter lang wurde der Hängeschrank über dem Küchenbereich. Unter der Spüle wurden zwei kleine Wasserkanister installiert, die über eine Filteranlage reines Trinkwasser liefern, wenn dies benötigt wird. Der Rest ist Stauraum. Die Stahleinbauten haben sich im harten Pisteneinsatz bestens bewährt, sodass ich nie bereute, sie weiter verwendet zu haben. Die drei Bereiche Wohnen/Schlafen, Dusche und Küche sind im Vergleich zu anderen Fahrzeugen überdimensioniert, tragen aber dadurch wesentlich zum Wohnkomfort bei. Dies ließ sich nur realisieren, weil ich bereit war, jeden Abend dass Bett zu bauen und den Schlafraum morgens wieder zum Wohnzimmer umzufunktionieren, wie ich das von meinem alten VW-Bus gewohnt war.

Bevor ich an den Ausbau ging, wurde der **Stahlkoffer bestmöglich isoliert.** Ich verwendete einen zwei Zentimeter starken Spezialschaumstoff aus dem Campingzubehör. Anschließend erfolgte die **Auskleidung** mit Furnierplatten im hellen Eichendekor. Zur dekorativen optischen Gestaltung verwendete ich Schrauben und Unterlegscheiben aus Messing. Die diversen Schrankteile wurden aus Tischlerplatten, der Duschausbau aus wasserfest verleimtem Bootsbausperrholz hergestellt. Als Clou des Ganzen wurde mein altes **Syro-Hubdach** aus dem verschrotteten VW-Bus über dem Wohn- und Schlafbereich installiert, wodurch auch in heißen Sommernächten eine hervorragende Belüftung gewährleistet war.

Verzichten wollte ich auf die vorhandene Webasto-Standheizung. Erstens verfügte ich bereits über eine **Truma-Gasheizung,** zweitens riet man mir von der dieselelektrischen Webasto ab, da diese im isolierten Koffer schlecht zu regulieren sei und aufgrund des Gebläses sehr viel Batteriestrom benötige. Den Behälter konnte ich entfernen und dadurch Platz für den dringend benötigten **Zusatztank** gewinnen. Da ich plante, das Fahrzeug für eine einjährige Reise durch Asien zu verwenden, setzte ich dem Koffer eine riesige **Alukiste** auf, die – zugegebenermaßen – das Erscheinungsbild meines Oldtimers etwas verschandelt. Aber dafür nimmt sie Schlauchboot, Wäschetonne, Highlift u. v. m. auf. Und Praxistauglichkeit rangiert bei einer Weltreise immer noch vor optischer Originalität.

▼ *Rast am Don*

052em Abb.: hs

051em Abb.: hs

▲ *Nur mit hoch geländegängigem Fahrzeug erreichbarer Stellplatz in Marokko*

Projekt „Expeditionsmobil für kleines Geld"

Irgendwie muss mich wohl der Teufel geritten haben. Zufällig entdeckte ich einen **Unimog 404 S** in mehr oder weniger schrottreifem Zustand. Bei 500 € wurde ich mit dem Verkäufer handelseinig, der es aufgegeben hatte, diese Ruine noch einmal fahrbereit zu machen. War ja auch ein trauriges Bild, das sich da bot: Das Verdeck des Fahrerhauses hing in Fetzen, die Windschutzscheibe war zerborsten, Reifen waren platt, Bremsen ohne Funktion, der Motor gab auch mit neuer Batterie keinen Mucks von sich, die Schwingfeuerheizung war geklaut ebenso wie der größte Teil der Inneneinrichtung der Funkkabine, dazu die triste Flecktarnfarbe, die ihn als ehemaliges Bundeswehrfahrzeug auswies. Doch beim näheren Hinsehen war klar, dass die Substanz gut war. Der Verkäufer versicherte weiterhin, dass ein neuer Motor noch von der Bundeswehr eingebaut worden sei (ein kleines Schild in der linken Ecke des Motorraums bezeugte eine **Grundüberholung des Autos im Jahr 1991).** So schlimm konnte es also um mein neues Fahrzeug nicht bestellt sein.

Zunächst ging ich mit Feuereifer ans Werk. Der völlig verrostete Tank wurde ebenso ersetzt wie Verdeck, Seitenscheiben und Windschutzscheibe. Neue Batterien waren nötig, weiterhin ein Vergaser, die Benzinpumpe sowie der Zündverteiler. Mehrere Werkstattaufenthalte waren notwendig, verschiedene Bosch-Dienste wurden konsultiert, doch schließlich **begann der Motor rund und sauber zu laufen.**

Das **erste große Ziel** ist erreicht. Doch was will ich mit diesem hochgeländegängigen Fahrzeug eigentlich anfangen? Ich habe schon ein Wohnmobil auf Basis eines Magirus-Mercur sowie einen Dehler-VW-Bus. Brauche ich wirklich noch ein Drittes?

Natürlich nicht. Doch Wohnmobile kann man bekanntlich nie genug haben. Zum „Verschicken" mit Bahn oder Fähre erwies sich der Magirus als zu groß, sprich zu teuer, der VW zwar als preiswert, doch völlig pistenuntauglich. Also könnte man doch weit abgelegene Regionen, z. B. im Osten Sibiriens, im Süden Südamerikas oder in Afrika, relativ kostengünstig mit einer „Kreuzung" der beiden besuchen.

Zunächst überlegte ich eine **Einfachstvariante,** indem ich in der Funkkabine lediglich eine aufklappbare Sitz- und Schlafliege aus Schaumstoff sowie den Campingkocher fest einbauen wollte. Stapelbare Plastikkisten hätten ja genügt.

Erneut hatte der Zufall seine Hand im Spiel, als mir ein alter Westfalia Camping-Bus mit Motorschaden, ebenfalls zum Preis von 500 € zur **Teileverwertung** angeboten wurde. Durch den Aufbau von dessen Aufstelldach ergab sich Stehhöhe, die

Küche mit Wassertank sowie die Schränke und die klappbare Sitzbank ließen sich im Handumdrehen einbauen, nachdem zuvor die bereits mit Glaswolle isolierten Kabinenwände geweißelt und ein Teppichboden verlegt war. Ein Gaskasten für zwei 5 kg-Flaschen war mir lieber als der bereits tief unter der Fahrzeugkarosserie befindliche 9 kg-Gastank des VW-Busses und wurde neu angeschafft.

Eine **Gasheizung** anstelle der benzinelektrischen Heizung von Eberspächer erschien uns ebenfalls die bessere Lösung, vor allem, da beide auf einem Globetrottertreffen sehr preiswert erworben werden konnten. Notwendig war der Bau eines Wäscheschranks und einer Vorratskiste auf der linken Fahrzeugseite mit Schaumstoffauflage als Teil des Bettes aus Tischlerplatten.

Die **Inneneinrichtung** vervollständigte ein Stahlschrank mit eingebautem Sicherheitsfach, der als einziges Überbleibsel der Funkkofferausstattung Verwendung fand. Die Innenraumleuchten des Koffers mit 24 V-Leuchtstoffröhre bzw. Glühlampen wurden unverändert übernommen, zwei Campingleuchten mit 12 V vervollständigten in Verbindung mit Wasserpumpe und Spannungswandler (24 V auf 12 V) die elektrische Anlage. Das bereits eingebaute Trennrelais wurde dankbar akzeptiert genau wie das noch vorhandene Voltmeter zur Spannungsüberwachung der Versorgerbatterien der Kabine. Auch die 24 V-Steckdosen zum Anschluss des Wechselrichters (24 V auf 220 V) kamen gelegen.

Nun fehlten im Wesentlichen noch der Neubezug der Sitzmöbel, die Anschaffung des Vorhangs des Aufstelldachs (der Alte war fleckig und riss beim Dachaufbau) sowie Ölwechsel in Motor, Getriebe, Luftfilter und allen Achsteilen. Es folgte die **Lackierung** in Eigenregie. Perfekt war das Glück, als der TÜV seinen Segen gab und ich den neuen Kfz-Brief in Händen hielt.

Kostenaufstellung

- *Basisfahrzeug Unimog 404 S 500 €*
- *auszuschlachtender Westfalia Camping-Bus 500 €*
- *Verdeck und Seitenscheiben Fahrerhaus 500 €*
- *Balg des Aufstelldachs, Dichtgummi 400 €*
- *Batterien (Starter und Versorger) 400 €*
- *Werkstattarbeiten (Einbau von Radbremszylindern, Zündverteiler, Vergaser, Benzinpumpe, kleine Reparaturen, Ölwechsel, Einstellarbeiten, TÜV) 1500 €*
- *Reifen (inkl. 2 Ersatzmäntel) 700 €*
- *sonstige Materialien (Stoffbezüge, Tischlerplatten, Lampen, Farbe, Teppichboden, Dichtmaterial, Wasserschläuche, Heizung, Wasserpumpe etc.) 500 €*

Gesamtkosten 5000 €

Nicht gerechnet natürlich die eingesetzten Arbeitsstunden der Eigenleistung.

Für den Preis von rund 5000 € habe ich ein Wohnmobil realisiert, das sich auf schwierigsten Pisten Nordafrikas hervorragend bewährt hat, das zwar ohne großen Komfort, doch praxisgerecht meinen Erwartungen bislang völlig gerecht wurde. Einziger Wehrmutstropfen und Schwachpunkt, zumindest am Preis-Leistungs-Verhältnis gemessen, ist in diesem Fahrzeug der durstige, drehmomentschwache Motor, sodass ich lange überlegte, meinen 404 S zu verdieseln. Aufgrund der Argumente, die gegen einen solchen Umbau sprechen (siehe Kapitel „Lohnt sich die Verdieselung?"), habe ich bislang allerdings darauf verzichtet.

002em Abb.: hs

Anhang

Internetadressen

Die wichtigsten Foren

- www.robur.de (für Liebhaber dieses Fahrzeugs)
- www.ifa-4x4.de (speziell für Freunde dieser Marke)
- www.maggie-deutz.com (eigentlich für Magirus-Liebhaber; andere Fabrikate werden jedoch auch bedient)
- www.unimog-community.de (ausschließlich für Unimog-Freunde aller Typen, wobei spezielle Foren einzelnen Modellen bzw. Reisethemen u. Ä. gewidmet sind)

Kaufgelegenheiten und Händler

- www.alfers.de (Händler, vor allem ausgesonderte Bundeswehr-Fahrzeuge)
- www.aignertrucks.com (professioneller Ausbauer von Expeditionsmobilen)
- www.ebay.de (Hier finden sich unter „Magirus (bzw. anderen Marken)/ Auto und Motorrad" immer wieder gute Kaufgelegenheiten, auch für Ersatzteile u. Ä.)
- www.VEBEG.de (Vertriebstelle für ausgesondertes Bundeswehr-Material)

Gebrauchtteile, Bereifung

- www.schneeketten.com
- www.autogastanken.de
- www.autogas-forum.de

Professionelle Ausbauer

- www.woelcke.de
- www.allrad-ruhland.de

- www.adventure-trucks.de
- www.procab.net
- www.aignertrucks.de
- www.tourfactory.de

Sonstiges Zubehör

- www.sine.de
- www.taubenreuther.de
- www.pritz-shop.de

Die wichtigsten Weltenbummler-Treffen

- **AMR-Treffen,** jeweils am ersten September-Wochenende in Amelinghausen, Lüneburger Heide, www.amr-outdoorwelt.de
- **Willys Treffen,** leider zur gleichen Zeit, allerdings in Wetzlar, www.willy-janssen.de
- **Därr-Treffen,** am Himmelfahrts-Wochenende in Zellereit bei Wasserburg am Inn, www.daerr.de

▼ *Typische Szene auf einem Weltenbummler-Treffen*

053em Abb.: hs

Anhang

Literaturtipps

- Wer sich speziell für die vielen verschiedenen Typen der Firma Magirus-Deutz interessiert, sei auf das Buch von Bernd Regenberg **„Das Lastwagenalbum Magirus"** aus dem Podszun-Verlag, Brilon 2005, ISBN 3-86133-388-0 verwiesen.
- Lars Döhmann/Jost Niemeier: **„Das grosse Unimog-Buch",** Heel Verlag, Königswinter 2000, ISBN 3-89365-882-3. Das Buch für Freunde der Unimog-Modelle. Genauso empfehlenswert ist auch der folgende Titel:
- Gisbert Hindennach **„Der Unimog im Gelände",** Eigenverlag, ISBN 3-00-002721-1, Bestellungen über www.hindennach.com
- Will man seinen Unimog 404 verdieseln, empfehlen sich von Gerald Dietrich und Michael Haas die Titel **„Unimog-S 404 Verdieselung"** sowie **„Unimog-S 404 Ersatzteilkatalog",** beide im Eigenverlag erschienen. Bestellungen über die Homepage www.mog404.com/gbook.htm, E-Mail: gedi@nexgo.de

Praxis-Ratgeber
kompakt & kompetent

Outdoor-Praxis
- *Dschungelwandern*
- *GPS Outdoor-Navigation*
- *Orientierung mit Kompass und GPS*
- *Richtig Kartenlesen*
- *Sicherheit in Bärengebieten*
- *Trekking Handbuch*
- *Die schönsten Trekking-Routen - Nord- und Südamerika*
- *Die schönsten Trekking-Routen - Asien, Afrika, Neuseeland*
- *Vulkane besteigen und erkunden*
- *Wildnis-Ausrüstung*
- *Wildnis-Backpacking*
- *Wildnis-Küche*
- *Winterwandern*

Reise-Praxis
- *All inclusive?*
- *Als Frau allein unterwegs*
- *Australien: Reisen und Jobben*
- *Ayurveda erleben in Indien und Sri Lanka*
- *Clever buchen – besser fliegen*
- *Clever kuren im nahen Ausland*
- *Drogen in Reiseländern*
- *Fernreisen auf eigene Faust*
- *Fliegen ohne Angst*
- *Gesundheitsurlaub in Deutschlands Thermalbädern*
- *Handbuch für Tropenreisen*
- *Neuseeland: Reisen und Jobben*
- *Reisen und Schreiben*
- *Respektvoll reisen*
- *Schutz vor Gewalt und Kriminalität unterwegs*
- *Schwanger reisen*
- *Selbstdiagnose und -behandlung unterwegs*
- *Sonne, Wind und Reisewetter*
- *Shopping Guide USA*
- *Sprachen lernen im Ausland*
- *Tango tanzen in Buenos Aires*
- *Unterkunft und Mietwagen clever buchen*
- *Verreisen mit Hund*
- *Wann wohin reisen?*

Fremde Kulturen
- *Daoismus erleben*
- *Hinduismus erleben*
- *Islam erleben*
- *Konfuzianismus erleben*
- *Maya-Kultur erleben*
- *Spaniens attraktivste Fiestas*

Natur und Reise
- *Australiens Outback und Bush entdecken*
- *Essbare Früchte Asiens*
- *Geologische Erscheinungen entdecken und verstehen*
- *Safari-Handbuch Afrika*
- *Survival-Handbuch Naturkatastrophen*
- *Was kriecht und krabbelt in den Tropen?*

Sport und Fun
- *Canyoning Handbuch*
- *Fun & Sport in Eis & Schnee*
- *Handbuch Paragliding*
- *Höhlen erkunden*
- *Inline Skating*
- *Kanu-Handbuch*
- *Küstensegeln*
- *Mushing – Hundeschlittenfahren*
- *Pferdetrekking*
- *Sicherheit im und auf dem Meer*
- *Tauchen in kalten Gewässern*
- *Tauchen in warmen Gewässern*
- *Wracktauchen weltweit*

Fahrzeug und Technik auf Reisen

- *Bordbuch Südeuropa für Panne, Unfall und Verkehr*
- *Clever reisen mit dem Wohnmobil*
- *Fernreisen mit dem eigenen Fahrzeug*
- *GPS-Navigation für Auto, Motorrad, Wohnmobil*
- *Handbuch Wohnmobil-Ausrüstung*
- *Internet für die Reise*
- *Kommunikation von unterwegs*
- *Reisefotografie*
- *Reisefotografie digital*
- *Wüstenfahren*

Routen und Regionen

- *Inline Skaten am Bodensee*
- *Mit dem Auto durch Südamerika*
- *Mit dem Wohnmobil nach Indien und Nepal*
- *Transsib – von Moskau nach Peking*
- *Wein-Reiseführer Deutschland*
- *Wein-Reiseführer Italien*
- *Wein-Reiseführer Toskana*

Sportiv im Urlaub

- *Algarve aktiv*
- *Andalusien aktiv*
- *Dalmatien aktiv*
- *Französische Atlantikküste aktiv*
- *Gardasee aktiv*
- *Gran Canaria aktiv*
- *Istrien aktiv mit Kvarner Bucht*
- *Katalonien aktiv*
- *Marokko aktiv*
- *Polen aktiv*
- *Slowenien aktiv*

Jeder Titel: 144–160 S., reich illustriert, robuste Fadenheftung, Taschenformat, Register, Griffmarken

REISE KNOW-HOW Verlag, Bielefeld

Reise Know-How

Praxis, KulturSchock

Unterkunft/Mietwagen
USA Shopping Guide
Volunteering
Vulkane besteigen
Wann wohin reisen?
Was kriecht u. krabbelt in den Tropen?
Wildnis-Ausrüstung
Wildnis-Backpacking
Wildnis-Küche
Winterwandern
Wohnmobil-Ausrüstung
Wohnmobil-Reisen
Wracktauchen
Wüstenfahren

KulturSchock

Ägypten
Argentinien
Australien
Brasilien
China, Taiwan
Cuba
Ecuador
Familenmanagement im Ausland
Golf-Emirate, Oman
Indien
Iran
Japan
Jemen
Kambodscha
Kaukasus
Laos
Leben in fremden Kulturen
Marokko
Mexiko
Pakistan
Peru
Russland
Thailand
Türkei
USA
Vietnam

Mit Reise Know-How ans Ziel

Die Landkarten des world mapping project bieten gute Orientierung – weltweit.

- Moderne Kartengrafik mit Höhenlinien, Höhenangaben und farbigen Höhenschichten
- GPS-Tauglichkeit durch eingezeichnete Längen- und Breitengrade und ab Maßstab 1 : 300.000 zusätzlich durch UTM-Markierungen
- Einheitlich klassifiziertes Straßennetz mit Entfernungsangaben
- Wichtige Sehenswürdigkeiten, herausragende Orientierungspunkte und Badestrände werden durch einprägsame Symbole dargestellt.
- Der ausführliche Ortsindex ermöglicht das schnelle Finden des Ziels.
- Wasser abstoßende Imprägnierung
- Kein störender Pappumschlag, der den behindern würde, der die Karte unterwegs individuell falzen möchte oder sie einfach nur griffbereit in die Jackentasche stecken will

Derzeit rund 160 Titel lieferbar (siehe unter www.reise-know-how.de), z. B.:

Marokko	**1 : 1 Mio.**
Skandinavien Nord	**1 : 875.000**
Ukraine	**1 : 1 Mio.**

world mapping project
Reise Know-How Verlag, Bielefeld

Register

N

O

P

Q

R

S

T

U

V

W

Z

054em Abb.: hs

Der Autor

Hans Gerd Scholz, Jahrgang 1948, arbeitet als Sonderschullehrer mit verhaltensauffälligen und lernbehinderten Schülern. Seit mehr als dreißig Jahren bereist er mit selbstausgebauten Wohnmobilen, Geländewagen und Allrad-Lkw viele Länder Europas, Amerikas, Afrikas und Asiens. Zuletzt legte er vierzigtausend Kilometer auf den Straßen der ehemaligen Sowjetunion zurück. In Zeitschriften wie TOURS, OFF-ROAD, 4WHEELFUN u.a. wurden mittlerweile mehr als dreißig Reiseberichte veröffentlicht.

Dem ersten VW-Bus folgte ein Kastenwagen vom Typ Renault-Trafic, diesem wiederum ein Magirus-Mercur, ein Unimog 404 S und mittlerweile ein Magirus 170, der von einem Feuerwehrfahrzeug zu einem Expeditionsmobil umgebaut wird.

Während mehr als 300.000 km hat er sowohl Erfahrungen auf Asphalt als auch Schlamm-, Sand-, Schotter- und Wellblechpisten gesammelt, die er an Reiselustige weitergeben möchte.

Wer plant, mit geringem Budget ein Basisfahrzeug zu erwerben und zu einem für Fernreisen tauglichen Expeditionsmobil aus- und umzubauen, erhält mit dem vorliegenden Buch wertvolle Tipps, wie dies zu realisieren ist.